reinhardt

Karin Breyer

Orte der Stille, Wege der Kraft

Zu Gast in Schweizer Klöstern –
Wanderungen durch schönste Natur

Friedrich Reinhardt Verlag

Alle Rechte vorbehalten
© 2018 Friedrich Reinhardt Verlag, Basel
Projektleitung: Beatrice Rubin, Denise Erb
Gestaltung und Layout: Franziska Scheibler
ISBN 978-3-7245-2212-6

www.reinhardt.ch

Der Friedrich Reinhardt Verlag wird vom Bundesamt für Kultur mit einem Strukturbeitrag für die Jahre 2016–2020 unterstützt.

Inhalt

Einleitung 10

Kloster St. Johann Müstair
Alle Menschen ehren..........................16

Benediktinerkloster Disentis
Beständiges Voranschreiten 28

Ilanzer Dominikanerinnen
Ein leuchtender Ort der Begegnung 40

Kloster Engelberg
Dem Himmel ein Stück näher sein 50

Gästehaus Kloster Bethanien
Auf der Sonnenseite des Lebens.............. 62

Zisterzienserabtei Hauterive
Ein Fenster zur Ewigkeit 74

Weggemeinschaft Kloster Ingenbohl
Miteinander auf dem Weg 84

Zisterzienserinnenabtei Mariazell Wurmsbach
Beflügelt unterwegs 96

Klosterherberge Baldegg
Haltestelle für das Leben 106

Kloster Fahr
Frauen, die das Leben lieben 116

Kartause Ittingen
**«Und meine Seele spannte
weit ihre Flügel aus»** 128

Kloster Fischingen
Offener Geist mit Blick nach innen 144

Dominikanerinnenkloster
St. Katharina Wil
Raum der Stille – stille Räume 156

Kloster Maria der Engel Appenzell
Einfachheit, Stille und Besinnung..............................166

Benediktinerkloster Mariastein
Frieden in Mariastein 178

178
Benediktinerkloster Mariastein

Klosterherberge Baldegg
106

Gästehaus Kloster Bethanien
62

Zisterzienserabtei Hauterive
74

50
Kloster Engelberg

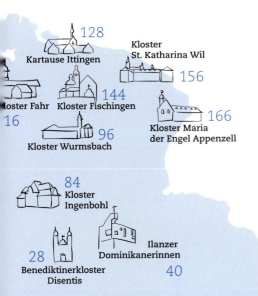

*«Wenn es nur einmal so ganz stille wäre.
Wenn das Zufällige und Ungefähre
Verstummte und das nachbarliche Lachen,
wenn das Geräusch, das meine Sinne machen,
mich nicht so sehr verhinderte am Wachen –:*

*Dann könnte ich in einem tausendfachen
Gedanken bis an deinen Rand dich denken
Und dich besitzen (nur ein Lächeln lang),
um dich an alles Leben zu verschenken
wie einen Dank.»*

R.M. Rilke, Das Stundenbuch,
Vom mönchischen Leben

Einleitung

«An Gästen wird es einem Kloster nie fehlen», schrieb der abendländische Mönchsvater Benedikt von Nursia bereits vor rund 1500 Jahren in seiner Klosterregel. Mehr noch: «Jeder Gast ist wie Christus zu empfangen.» Ein hoher Anspruch, der noch immer gilt in Klöstern, weist er doch auf die spirituelle Dimension der Gastfreundschaft hin, ebenso auf die grosse Achtung vor der Würde des Menschen. Waren es früher die Pilger, die an der Klostertür anklopften, so sind es heute mehr und mehr Menschen, die sich nach einer Auszeit sehnen, in denen der Klang der Stille zu hören ist, nach Ferien, in der man göttliche Ruhe statt Trubel geniesst. Der Wunsch, eine andere Gangart einzulegen, langsamer und stiller zu werden, entwickelt sich als Gegenreaktion auf einen verplanten, vermeintlich bestens organisierten und auf pure Effizienz ausgerichteten Alltag, in dem Aktionismus, Stress, Überforderung und Atemlosigkeit immer mehr zunehmen. Jewgeni Jewtuschenko nennt die Eile den «Fluch

> «An Gästen wird es einem Kloster nie fehlen.»

Einleitung

des Jahrhunderts»: «In Zeitnot geraten wie in ein Netz ist der Mensch, atemlos hetzt er durch sein Leben und wischt sich den Schweiss. Ein Fluch des Jahrhunderts ist diese Eile. Begreife, wie kläglich der ist, der dahineilt, ohne Besserung. Wie gross der, der innehalten konnte.» Innehalten, sich auf Wesentliches besinnen – es spricht sich herum, dass Klöster hierfür eine besondere Atmosphäre bieten. Sie hüten und kultivieren nicht nur seit Jahrhunderten die Kontemplation, sondern auch die reine Kraft der Einfachheit. Eine unmissverständliche Klarheit und Konzentration auf eine Mitte, auf Gott, bilden den stabilen Boden, auf dem man sich bewegt. Von Klöstern geht eine spirituelle Kraft aus, eine grosse Innerlichkeit, die von der Zerstreuung zur Zentrierung, von der Oberfläche in die Tiefe führen. Sie halten das Fenster zur Ewigkeit offen. Die hier vorgestellten fünfzehn Schweizer Klöster haben himmelweit ihre Pforten geöff-

net und erlauben den Blick hinter die stillen, oft seit Jahrhunderten durchbeteten Mauern. Frauen und Männer der Orden der Benediktiner, Dominikaner, Zisterzienser und Franziskaner – sie orientieren sich alle an den Regeln des heiligen Benedikt – heissen interessierte Gäste aus tiefem Herzen willkommen. Ohne zu fragen, ob jemand katholisch, getauft oder überhaupt gläubig ist. Allein durch ihre exponierte Lage – sei es am Fluss oder Seeufer gelegen oder von Bergen umzingelt, inmitten schönster Natur – verströmen die stillen Stätten der Kontemplation oder mächtigen Gottesburgen eine grosse Kraft. Sie bieten Menschen für ein paar Tage oder Wochen eine Oase der Stille weitab der täglichen Reizüberflutung, einen Raum der Erholung für Leib und Seele. Für alle, die zur Ruhe kommen möchten, weit weg vom Zeitdruck. Atem holen, zu sich kommen, Frieden finden. Mit oder ohne Sinnfragen im Gepäck. Oder für eine kontemplative Auszeit, um sich in

der Zeit wieder lebendig und kraftvoll zu fühlen. Die Saiten und Fasern alltäglicher Anspannung können sich lösen und es entsteht Raum für neue Sichtweisen. In der Abgeschiedenheit gelingt es bestens, neue Kräfte zu schöpfen, sich zu finden, womöglich Gott neu zu finden. So mancher Gast reflektiert im Kloster seine Lebenssituation und nimmt sich vor, etwas zu ändern. Die schlichten, in puristischer Einfachheit gehaltenen Zimmer im Gästehaus bieten ein wohliges temporäres Zuhause. Bewusst wird auf einen Fernseher verzichtet. Wobei es kein Verbot der Technik gibt. Der grosse Luxus während eines Aufenthalts in einem dieser Frauen- oder Männerklöster besteht in der frei verfügbaren Zeit, ohne Agenda, ohne Verpflichtungen und To-do-Listen. Mittlerweile wird den Gästen auch ein mehr oder weniger umfangreiches Programm angeboten, von Schweigeexerzitien, Stillen Tagen, Kreativitätsseminaren bis hin zu fernöstlichen Meditationstechniken. Überdies besteht in allen Klöstern die Möglichkeit zu einem geistlichen Gespräch; auch professionelle therapeutische Unterstützung wird an manchen Orten angeboten, etwa Logotherapie, Gesprächstherapie, Hagiotherapie.

Offenheit gegenüber einer fremden Welt

Die Nonnen und Mönche, die mich offenherzig beherbergt haben, taten dies mit einem für sie wichtigen Hinweis: Ihre Klöster sind keine Hotels. Von ihren Gästen erwarten sie zu Recht, dass sie ein gewisses Interesse am monastischen Leben mitbringen, eine Offenheit gegenüber einer zunächst fremden Welt. Ist es doch eine Lebensform, die unseren üblichen Gewohnheiten widerspricht. Wer sich darauf einlässt, wird reich beschenkt. Die Gastgeber zeigen keinerlei Berührungsängste, ihre Güte, Herzlichkeit und Aufgeschlossenheit wecken sichtlich auf, und auch Humor und Esprit haben gewiss ihren Platz.

Nonnen und Mönche – die Seele der Klöster – sind nicht auf der Suche nach sich selbst, sie suchen zeitle-

Einleitung

bens nach dem Grösseren, Numinosen, sie lassen sich von Gott formen. Wichtigste Konstante des klösterlichen Lebens ist der harmonische Dreiklang von «ora et lege et labora», beten und lesen und arbeiten, Psalmen singen, meditieren, schweigen. Durch diesen Sinn und Halt gebenden Rhythmus wird ein wahrhaft christliches Leben angestrebt. «Hört man die Zeichen zum Gottesdienst, lege man sofort alles aus der Hand und komme in grösster Eile herbei...», schreibt der heilige Benedikt. Auch die Gäste sind herzlich eingeladen, sich in der Klosterkirche dem Rhythmus der Stundengebete anzuschliessen, oft schon viele Jahrhunderte lang, finden sie Tag für Tag zwischen Morgenlob und Nachtgebet statt. Die Uhrzeiten variieren; nicht alle Klöster feiern sämtliche durch den heiligen Benedikt eingeführten Horen. Wie erhellend, ja heilsam und gesund solch ein Rhythmus ist – eine

Zu Gast im Kloster
Wer glaubt, im Kloster stehe die Zeit still und das moderne Leben mache Halt vor den Mauern, irrt sich. Sitzungen und Termine und weltliche Aufgaben sind ebenso Teil des Klosteralltags wie das Stundengebet. Längst haben Computer Einzug gehalten, alle dargestellten Klöster verfügen über eine eigene Homepage und sind per E-Mail bzw. Telefon sehr gut erreichbar. Es empfiehlt sich, sich rechtzeitig für einen Aufenthalt anzumelden und Fragen vorab zu klären bezüglich Aufenthaltsdauer, Erwartungen, Nutzung des Angebots, evtl. seelsorgerische Begleitung. Die ersten Ansprechpartner im Kloster sind eine Gastschwester bzw. ein Gastbruder, die durchs Haus führen und mit den Klostergepflogenheiten vertraut machen (Respektieren von Gebetszeiten und Zeiten des Schweigens, Beachtung der Klausurgrenzen). Was gilt es mitzubringen? Für Bettwäsche, Handtücher und so weiter ist gesorgt. Wer mag, kann eine gute Lektüre oder ein Tagebuch einpacken. Und natürlich Wanderausrüstung. Grundsätzlich gilt: Weniger ist mehr.

Balance zwischen Vita activa und Vita contemplativa –, kann jeder bestätigen, der es ausprobiert hat. Es ist das Antidot zu Stress und Zerstreuung.

Die Klosterorte, Engelberg, Disentis, Müstair, Bethanien, Hauterive, Appenzell und viele mehr, befinden sich alle inmitten von Wanderparadiesen, und man verspürt richtig Lust, die Wanderschuhe zu schnüren und sich auf den Weg zu machen in die prachtvolle Natur. Einfach losgehen, leichtfüssig, ohne viel Gepäck, nur mit einer Wasserflasche und einer Brotzeit ausgerüstet. In der Stunde etwa vier Kilometer zurücklegen, mal mehr, mal weniger. Pausen machen. Souverän über Zeit und Raum verfügen – der Kopf wird frei und mit ihm der ganze Mensch. Die Kraft der Schöpfung zeigt sich in der Natur noch einmal von einer anderen Seite, all den «Gehorsam» darf man ablegen und eintauchen in eine Welt der Sinnesfreuden, auch in neue Räume und Weiten. Da ist eine Symphonie der Düfte und Töne, der Wind weht um Nase und Ohren, die Sonne blinzelt ins Gesicht, da ist die Schönheit der Blumen und Wellengeplätscher, da fasziniert die Poesie der Landschaft und das atemberaubende Gebirge. Zwischen Himmel und Erde gehen, atmen, staunen, verweilen, kontemplieren, geniessen, aus purer Freude am Sein: Wandern ist eine weitere unerschöpfliche Quelle der Kraft, Schönheit und Zufriedenheit. Ein Erlebnis, das viele als Glück empfinden, so wie es Hermann Hesse beschreibt: «Setze dich nieder, wo du willst, auf Mauer, Fels oder Baumstumpf, auf Gras oder Erde: überall umgibt dich ein Bild und Gedicht, überall klingt Welt um dich her schön und glücklich zusammen.» Genauso beflügelt die Bewegung in der Natur den Geist, allein schon das Gehen hat oft eine klärende Wirkung auf den Gedanken-

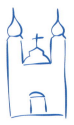

fluss und lässt Probleme in einem anderen Licht erscheinen und mit etwas Distanz entspannter angehen. Gut möglich, dass auf der Wanderschaft die besten Gedanken und kreativen Ideen regelrecht vom Himmel fallen oder aus der Tiefe der Erde sprudeln und dass man zu Hause staunend feststellt, dass sich im Rucksack ungeahnte Möglichkeiten befinden.

Wunderbar entspannen

Auf den vorgestellten Touren, die meist am Kloster starten, lässt es sich wunderbar entspannen – ganz nach dem Motto: Alles ginge besser, wenn man mehr ginge. Die reine Wanderzeit beträgt zwischen 2,5 und 5 Stunden. Da locken zum Beispiel die Quelle des Rheins, hoch oben am Tomasee, und die spektakuläre Rheinschlucht, der Swiss Grand Canyon, sowie einsame Alpwege nahe dem Schweizerischen

«Geh und suche die Quellen des Lebens, und du wirst dir genug Bewegung verschaffen.»

Nationalpark. Es geht entlang rauschender Flüsse wie Limmat und Saane, und immer wieder durch stille Wälder. Dass ein «Waldbad» beruhigt und Stresshormone reduziert sowie den Blutdruck und Puls senkt, ist inzwischen mehrfach wissenschaftlich bewiesen. Auch, dass im Wald die erstaunlichsten Dinge geschehen: Bäume kommunizieren miteinander, sie haben auf ganz eigene Art Empfindungen und ein Gedächtnis. Man kann es als Wanderer fühlen, dass das satte Grün der Bäume und die Licht- und Schattenspiele sich ungeheuer wohltuend auswirken.

Dieses Büchlein möchte inspirieren, Orte der Stille aufzusuchen und Wege der Kraft zu beschreiten. Ferien im Kloster und Wandern – eine geglückte Kombination, um wieder lebendig, gestärkt und mit neuem Blickwinkel in den Alltag zurückzukehren. «Geh und suche die Quellen des Lebens, und du wirst dir genug Bewegung verschaffen», schreibt Henry David Thoreau.

Alle Menschen ehren

Kloster St. Johann Müstair

Am östlichsten Zipfel der Schweiz, inmitten der Bündner Alpen, liegt das Val Müstair, das sich über 18 Kilometer zwischen Ofenpass und dem italienischen Vinschgau erstreckt. Allein schon die Anreise über den Ofenpass ist ein beglückendes Erlebnis voller Ohs und Ahs. Von Zernez im Unterengadin windet sich die Strasse durch den fantastischen, wilden, über hundert Jahre alten Schweizerischen Nationalpark hoch zur Passhöhe (2150 m ü.M.), dann öffnet sich ein sagenhafter Blick hinunter ins Val Müstair: Berge über Berge, in südöstlicher Richtung zeigt sich die Südtiroler Ortlergruppe, Wälder und Alpweiden. Vielleicht entdeckt man sogar Steinböcke im Gebirge. Hinunter schlängelt sich das Strässlein durch hübsche Bündner Bergdörfer wie Tschierv und das ruhige Valchava mit seinem barocken Kirchturm und dem schönsten Haus im Val Müstair, dem magischen Talmuseum «Chasa Jaura». Dann erreicht man Santa Maria, heute der Haupt-

Klosterkirche St. Johann Müstair

Kloster St. Johann Müstair

ort des Tals, und ganz zuhinterst, auf 1250 Meter Höhe gelegen, den Grenzort Müstair. Diese Luft, dieses Licht. Nichts könnte besser ins hochalpine Landschaftsbild passen als das weithin bekannte Kloster St. Johann. Atemberaubend, das Zusammenspiel von Kultur, mächtigen Bergen und unendlichem Himmel. Keinem Geringeren als Karl dem Grossen ist die Existenz des verträumten Alpenklosters zu verdanken. Nach seiner Krönung zum König der Langobarden, so heisst es, geriet er auf dem Umbrailpass in einen Schneesturm. Wieder heil heimgekehrt, stiftete er als Dank im Jahre 775 das Kloster, zunächst für Mönche. Seit dem 12. Jahrhundert existiert es ungebrochen als Benediktinerinnenkloster. Ein Ensemble von verschiedenen Gebäuden und Baustilen unterschiedlicher Epochen fügt sich zu einem harmonischen Ganzen. Mit Zinnentürmen, verschachtelten Höfen und romanischen Conchen erscheint es auf wundersame Weise von Stille ummantelt.

Das Herzstück ist die Klosterkirche: «Wie staunten wir, da uns im dunklen Dachraum bei Laternenschein Freskobilder aus dem achten Jahrhundert anblickten», schrieb 1894 der Kunsthistoriker Zemp an seinen

Eindrückliche Fresken in der Kirche

Forscherkollegen. Die beiden hatten diesen Schatz bekannt gemacht, den weltweit grössten und besterhaltenen Freskenzyklus des frühen Mittelalters, der dann 1951 freigelegt wurde. Dieses Juwel der bildenden Kunst der Karolingerzeit – Darstellungen aus dem Leben und der Passion Christi – besticht mit einer grossen Leuchtkraft. Ergänzt wird es durch eine dynamische, farbenfrohe romanische Bilderwelt des 12./13. Jahrhunderts, denn mit dem Einzug der Nonnen entstanden auch neue Malereien in der Chorpartie, etwa die Enthauptung Johannes des Täufers. Eindrücklich ist auch das Antlitz des Gründers Kaiser Karl der Grosse, der als älteste,

Kloster St. Johann Müstair

Müstair mit den typischen Sgraffitohäusern

einst farbig bemalte Monumentalstatue präsent ist. Von der Kirche geht eine grosse geistige Klarheit und Kraft aus, über 1200 geschichtsträchtige Jahre hinterlassen eine starke Ausstrahlung. Eine Führung ist unbedingt empfehlenswert.

Als ältester Wohn- und Wehrturm des Alpenraums gilt der 957 errichtete Plantaturm, darinnen befindet sich das Klostermuseum. Es gibt keinen besseren Ort, die Klostergeschichte zu ergründen, als in diesem Turm. Eine lebendige Zeitreise durch zwölf Jahrhunderte und seine Schätze beginnt, der Blick wird frei ins klösterliche Leben im Wandel der Zeit. Einfach der liturgischen Schlagglocke folgen. Spannende Epochen flammen auf. Äbtissin Angelina Planta beispielsweise veranlasste 1492 die gotische Umgestaltung der Klosterkirche, von Plünderung und Brandschatzung und immer wieder schwierigen wirtschaftlichen und politischen Verhältnissen ist zu erfahren. Schlafgemächer, Wohn- und Gebetsräume werden betreten, ebenso barocke Zellen, Kreuzgang, Kellergewölbe, gotisches Refektorium. Ein weiteres karolingisches Bijou, mit dem die Besucher an der Schwelle zum Kloster empfangen werden: die Heiligkreuzkapelle aus dem Jahre 785. Aufwendige Renovierungsarbeiten sind derzeit vonnöten, um den Traum an Stuckaturen, Malereien, marmorenen Chorschranken unter den unzähligen Mal- und Tünchschichten freizulegen. Wir können gespannt sein. In der noch in vielen Teilen erhaltenen eleganten Bischofsresidenz aus dem 11. Jahrhundert verbirgt sich die malerische Doppelkapelle St. Ulrich und St. Niklaus. Wie in einer Schatztruhe öffnet sich beim labyrinthartigen Rundgang durch die schön erhaltene Anlage ein immenser Reichtum, das Kloster als Zeuge christlicher Hochblüte und lebendiges Kulturgut – und zurecht seit 1983 UNESCO-Welterbestätte.

Aber das Kloster ist nicht nur Welterbe – sondern auch, und vor allem, ein lebendiger Ort benediktinischer Spiritualität. Schon jahrhundertelang, Tag für Tag, zwischen Morgenlob und Nachtgebet, leben hier Benediktinerinnen einen klar strukturierten Klosteralltag: «ora et lege et labora», beten und lesen und arbeiten, Psalmen singen, meditieren, schweigen, ein Dasein Gott geweiht. Heute sind es neun Nonnen, die in Müstair ein kontemplatives Leben führen, die gründlich und viel Schweigen, so tief und unumstösslich wie die Berge ringsum. Und gleichermassen sind sie aktiv in Büro, Kirche, Sakristei, Gästebetreuung, Garten, Haus- und Handarbeit. Museum und Klosterladen werden mithilfe von Angestellten geführt. Bezogenheit und gemeinschaftliches Miteinander sind essenzielle, tragende Säulen, gemeinsam weben die Frauen einen Teppich des Friedens.

Weit haben sie ihr Herz geöffnet für Gäste, die lebensfrohen Schwestern: «Freude, dem der kommt. Friede, dem der hier verweilt. Segen, dem der weiterzieht.» Ausruhen, innere Einkehr, Spiritualität erfahren, Ferien machen, Rückzug aus der Hektik des Alltags, Atemholen – all dies ist möglich in Müstair. Im Gästehaus gibt es elf wohlige Zimmer. Klein und fein und bezaubernd sind sie, ein Bett, ein Stuhl und ein Tisch, in viel warmem Holz gehalten – inklusive fabelhafter Bergsicht. Es scheint, als atmete Stille und Frieden in den breiten, weiss getünchten Mauern. So geborgen, beschützt, so willkommen fühlt man sich. Gespeist wird im Hermaninzimmer aus dem 18. Jahrhundert. Es ist das ehemalige Zimmer der Äbtissin Maria Hermanin zu Reichenfeld, das mit bläulich-grauem Täferwerk und rosa Profilen, Girlanden und Blüten und dem noch gut erhaltenen Fayenceofen für heimelige Atmosphäre sorgt. Auf den Tisch kom-

Im Hermaninzimmer wird gespeist

Kloster St. Johann Müstair

Wir beten und arbeiten · und turnen täglich zehn Minuten

Karte von Sr. Pia

men gesundes und frisches Obst, Gemüse, Kräuter aus dem Klostergarten. Eine bunte Gästerunde von hier und dort ist versammelt, es wird erzählt und ausgetauscht und zugehört. Eine andere Wohlfühlzone befindet sich im Erdgeschoss, im grossen Aufenthaltsraum mit Klavier und Leseecke. Der begrünte sonnendurchflutete Innenhof, umwachsen von einer Blumenpracht, mit Bänken unter Eschen, lädt zu ausgiebigen Mussestunden. Ja, sie haben hier für Gäste eine wunderbare Oase der Stille geschaffen, die fidelen Nonnen, deren Leben hinter Mauern alles andere als trist und weltfremd ist. Hellwach sind sie, ihre Augen leuchten, und wenn man ihnen über den Weg läuft, kommt man leicht ins Gespräch, tauscht Tiefgründiges, Alltägliches, Neuigkeiten aus. Glück, das nicht von aussen kommt, Herzenswärme, Güte und Zufriedenheit, all dies strahlen sie aus und hinaus in die Welt. Gäste sind herzlich eingeladen, an den Stundengebeten teilzunehmen, der Tag beginnt um 5.30 Uhr mit der Vigil und endet um

Innenhof

Der Klosterrebell

«Zwischen Dämmerung und Nacht ist mein kleines Ich erwacht./Kleines Ich ist ein Rebell, möchte gerne ein Duell./Ein Duell ist nicht erlaubt, duellieren bringt viel Staub./Rebellieren macht viel Krach und die anderen werden wach./Alle Engel hier im Haus, schmeissen dich zum Tempel raus./Kleines Ich, sei jetzt gescheit, zum Duell gibts keine Zeit./Denk, du bist noch jung an Jahren, kannst noch schwere Lasten tragen./Der Rebell will aber nicht, hat genug von aller Pflicht./Kyrie Gloria Halleluja, Amen Amen Ratatuglia./Mit dem Beten ist's jetzt aus, lebet wohl, ich geh nach Haus./All ihr Engel hoch dort oben, lasset mich ein wenig toben./Kleines Ich ist ein Rebell, sucht zum Streiten ein Gesell./Doch es findet leider keinen/darum fängt es an zu weinen./Weint bis in die Nacht hinein, schläft dann endlich doch noch ein./Träumt, es sei ein Engel worden/und erwacht am frühen Morgen./Geht zum Beten in den Chor,/hebt zu Gott den Blick empor./Findet endlich seine Ruh,/Gott deckt seine Sünden zu,/ist barmherzig gut und treu,/kleines Ich vertraut ihm neu./Der Rebell hat sich gewandelt,/Gott hat gut an ihm gehandelt./Zwischen Dämmerung und Morgen/sind vergangen alle Sorgen./Kleines Ich hat wieder Mut,/Gott macht alles wieder gut.»

Tagebucheintrag 13.9.1974, Priorin Sr. Domenica

19.30 Uhr mit der Komplet. Klosterkirche und Gnadenkapelle stehen für alle Gäste zur Besinnung offen. Ebenso bietet die Rosenkranzkapelle die nötige Stille und Atmosphäre, um zu sich zu kommen. Nonne sein bedeutet nicht nur Strenge und Ernst, es wird hier auch viel gelacht. Zum Beispiel mittags an der kahlen Klausurmauer bei den gemeinsamen gymnastischen Übungen, ganz nach Theresa von Avila: «Tu deinem Körper Gutes, damit deine Seele Lust hat, darin zu wohnen.» Und voller Talente und Begabungen stecken sie. Da ist Priorin Sr. Domenica, die über Jahre hinweg Texte und Gedichte verfasst und als «Klosterdichterin» von St. Johann bekannt ist. «Schreiben befreit», ist sie sicher. Oder Sr. Pia, ausgebildete Grafikerin, die mit ihren feinsinnig-originell gezeichneten Doppelkarten echte «Erfolgsgeschichte» schreibt – kaufen kann man die Kunstwerke im Klosterladen, der Butia. Dort gibt es auch allerlei Selbstgemachtes von den Kräuterschwestern: Anisguetzli, Kräutertees und -salz, Salben und Seifen, Liköre, Kunsthandwerk u.v.m. Das Kloster bietet im Frühjahr und Herbst professionell geleitete Fastenwochen an, im Sommer

Kloster St. Johann Müstair

Kloster Marienberg
im nahen Vinschgau

finden Exerzitienwochen statt. Das Kloster St. Johann ist durchtränkt von tief gelebter Spiritualität. «Alle Menschen ehren» (Regula Benedicti 4,8) – die offenherzigen Schwestern leben es, ganz selbstverständlich, das heisst, sie üben sich täglich neu darin.

Durch das langgezogene Strassendorf Müstair mit den Sgraffiti verzierten Münstertalerhäusern, mit 800 Einwohnern die grösste Ortschaft im Tal, zu flanieren, ist Idylle pur. Die allerbeste, köstlichste Bündner Nusstorte gibts gleich um die Ecke, nur 200 Meter vom Kloster entfernt, im Restaurant Balcun At. Ein Gedicht, die Schweizer Küche in der Chasa Chalavaina, ein fast 1000 Jahre altes Haus, mit einer Gaststube aus Arvenholz, der Inbegriff von persönlich-entschleunigtem Geniessen. Übrigens, Gäste können sich auch auf das oberhalb des Klosters liegende Maiensäss zurückziehen, mit wunderbarer Aussicht bis nach Südtirol. Mit noch mehr Stille und Naturromantik, allerdings auch weniger Komfort: Die Dusche ist draussen, das Feuer muss man selbst im Ofen entfachen. Einen Sprung über die Grenze ins Vinschgau sollte man unbedingt tun. Oberhalb des malerischen Bergdorfes Burgeis, schon von Weitem sichtbar, erhebt sich majestätisch das Kloster Marienberg. Mit 1340 m ü.M. ist es die höchstgelegene Benediktinerabtei Europas, die seit 900 Jahren von Mönchen belebt ist. Unbedingt sehenswert dort: die romanischen Krypta-Fresken mit ihren einzigartigen Engelsdarstellungen.

Infos
Unterkunft: Frauen und Männer wohnen im Gästehaus. 8 EZ/DZ mit Dusche/WC, 3 EZ/DZ mit Dusche/WC auf der Etage
Angebote: Klostermuseum mit/ohne Führung, Kirchenführung, Seelsorge, Meditation, Fasten, Stille Tage, Kräuterwerkstätten und -kurse, Butia/Klosterladen
Kontakt: Kloster St. Johann, 7537 Müstair, Tel. +41 (0)81 851 62 23, gaestehaus@kloster-muestair.ch, www.muestair.ch

Kloster St. Johann Müstair

WANDERUNG

Wo der Himmel die Erde berührt

Eine Wanderung der Superlative: hochalpine Bergwelt, Traumblicke auf den Schweizerischen Nationalpark, verträumte Alpen, mäandernde Bächlein und unergründliche Stille.

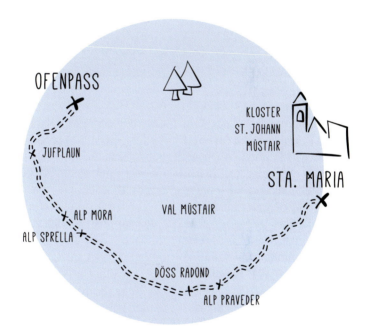

Route: Ofenpass (2149 m ü.M.)–Davo Plattas (2289 m ü.M.)–
Jufplaun (2351 m ü.M.)–Alp Mora (2084 m ü.M.)–Alp Sprella (2093 m ü.M.)–
Döss Radond (2234 m ü.M.)–Alp Praveder (2090 m ü.m.)–Sta. Maria (1375 m ü.M.)
Wanderzeit: 6–7 Std.
Wegstrecke: 21 km; *Wanderung:* mittel
Anreise: Mit dem Postauto von Müstair (Kloster) zur Passhöhe (Süsom Givè)
Rückreise: Mit dem Postauto von Sta. Maria (Post) nach Müstair

Majestätische Felsgestalten

Schlicht atemberaubend, das Bergpanorama hoch oben am Ofenpass, der seinen Namen von den Schmelzöfen bekam, welche bis ins 19. Jahrhundert Blei, Zink und Silber produzierten. Mächtige Gipfel und Zacken und Grate reihen sich aneinander, die Farbpalette reicht von kreideweiss über rostrot bis hin zu anthrazit. Tannenhäher und Bergdohlen durchkreuzen elegant den Luftraum. Zahllose Wegweiser in alle Himmelsrichtungen verraten, dass Sie sich inmitten eines Wanderparadieses befinden. Traumtouren – von anspruchsvoll bis einfach – führen zum an der Grenze liegenden Schweizerischen Nationalpark, ins Biosphärenreservat Müstair, in wilde Bergwelten, durch alte Arvenwälder und zu einsamen Bergseen. Allein im Nationalpark – der älteste Naturpark der Alpen –, der 170 Quadratkilometer unberührte, urchwüchsige Alpnatur umfasst, gibt es ein 80 Kilometer langes Wegenetz.

Folgende Tour lässt Sie eintauchen in noch unverfälschte Bergnatur, mitunter steigt gar Kanada-Feeling auf. Am Ofenpass gehts Richtung Alp Mora (2 Std.), am Sendemast vorbei, entlang der Südostseite des Berges Il Jalet. Ein schmaler Bergpfad windet sich zwischen diesem und dem 3000er Piz Daint, hinauf in den Sattel. Es ist ein freudiges Aufwärtsschwingen, rätselhafte Felsgesichter, Geröllhalden und wilde Canyons ziehen am Auge vorbei, Alpenrosen leuchten aus dem Gestein.

Kloster St. Johann Müstair

Von Anbeginn ist da diese starke Landschaft, von Stille und Poesie durchdrungen, stets rücken neue Szenen ins Gesichtsfeld auf dem Höhenzug. Ungehindert darf der Blick in die Weite schweifen, über die Alpweiden, Richtung Ofenpassstrasse bei Buffalora und den Munt Chavagl und in den Wolkenhimmel. Die Sonne leuchtet den von Gipfeln des Nationalparks umzingelten Kessel aus. Still und meditativ setzt sich ein Fuss vor den anderen, immerzu dem weiss-rot-weissen Bergwanderweg Richtung Alp Mora, Sta. Maria folgend.

Dann die grossartige Hochebene Jufplaun (flaches Joch), die zum Geniessen einlädt: schauen und gehen und ab und zu stehen bleiben und die wilde Schönheit und Weite einatmen. Das gelbe Flachmoor lässt sich federleicht durchstreifen. Es strahlt eine grosse Ruhe aus, im Gegensatz zu den umliegenden mächtigen Rundhöckern und schroffen Reliefs. Durch die Seggenrieder, dort und da Enzian und Silberdisteln, schlängelt sich ein Bächlein. Hier ist die Sommerresidenz weidender Kühe und zwischen Mai und September zeigen sich die drolligen Murmeltiere auf den Matten, die sich einen Wintervorrat anfressen. Im Herbst ist Jufplaun

Bergesstille

Schauplatz der Hirschbrunft. Von da oben, übrigens für heute der höchste Punkt, haben Sie eine tolle Sicht über das gesamte Val Mora, weit dahinter glitzern die Gletschergipfel des Piz Murtaröl auf.

Wow, eine fast unwirkliche Bergwelt rückt näher und näher. Schon bald gehts hinab ins wildromantische Val Mora, der Nationalpark Panoramaweg Nr. 45 kreuzt diese Route. Recht steil ist es zum Teil, manchmal gar ruppig auf dem Ge-

Sie hat etwas Magisches, die karge Hochebene Jufplaun

röllweg, der duftende Latschenkieferwald betört, links gluckst ein Bächlein. Das Glockengebimmel kündigt die Alp Mora an – Zeit, die Wasserflasche mit frischem Quellwasser zu füllen und sich gemütlich niederzulassen, bei würzigem Alpkäse und selbstgebackenem Brot.

Gestärkt und beschwingt gehts auf dem breiten Alpweg weiter, sanft abwärts, sanft steigend, in einer halben Stunde erreichen Sie die Alp Sprella. Locker, völlig anstrengungslos vagabundieren Sie die nächsten anderthalb Stunden auf dem Alpsträsslein durch das unberührte Bergtal, an dem Felsblock Pedra Grossa vorbei, nach Döss Radond. Unterwegs öffnen sich immer wieder neue Landschaftstore, das Grün der Alpweiden changiert mit den grau-silbrigen Steinen und Felsbrocken, Geröllhalden ziehen sich in die Höhe, von kleinen Tannenwäldchen durchzogen. Ein Weg ins Offene und Weite, unterhalb der Bergriesen. Wie eine glitzernde Schlange mäandert der Bergbach durch die einsame Seelenlandschaft, am Rande türmen sich Steinmännchen auf. Welche Kraft das Wasser bei der Schneeschmelze entwickelt, lässt das breite geröll-

Kloster St. Johann Müstair

haltige Bett des eigentlich schmalen Baches erahnen. An der Wasserscheide Döss Radond, dort, wo das Wasser der anderen Seite über die Aua da Vau ins Münstertal abfliesst, steigen Sie hinab ins Tal; nach Sta. Maria sind es etwa zweieinhalb Stunden.

Auf breitem Kiessträsschen marschieren Sie in grossen Schlaufen dem wild gezackten Gebirge entgegen, Wasserfälle stürzen sich in die Tiefe, Himmel und Erde berühren sich auf schönste Weise. Die Alp Praveder und Alp Clastras werden gestreift, und immerzu rauscht nebenan die wilde Aua da Vau. Näher und näher rücken Tannen, Lärchen, Arven, die Vegetation wird üppiger. Das Pfeifen der Murmeltiere ertönt, riesige Wurzelgeflechte erheben sich wie wilde Drachen oder Riesen am Waldrand. Es ist ein genussvolles Auslaufen, man möchte noch einmal weit die Flügel ausbreiten. Zuverlässig lotst der Wegweiser nach Sta. Maria, es lohnt sich unbedingt, ins pittoreske Dorf zu spazieren, bei der Post ist eine Bushaltestelle. Übrigens befindet sich hier die letzte grosse Handweberei (Tessanda) der Schweiz – und die kleinste Bar der Welt, «Smallest Whiskey Bar on earth», 8,5 Quadratmeter gross, mit über 200 Whiskey-Sorten.

Noch mehr Wanderlust?

1. Leichter Höhenweg mit grandioser Aussicht: Der Senda Val Müstair führt auf der Sonnenseite des Münstertales von der Ofenpasshöhe nach Müstair. In leichtem Auf und Ab, mit herrlichen Arvenwäldern, vorbei an urchigen Alpen, über Berg- und Blumenweiden zum magischen Bergsee Lai da Juata. Weiter durch idyllische Dörfer nach Müstair. Mit nonstop Traumblicken aufs saftige, kuhwiesengrüne Münstertal, den Piz Turettas und Piz Daint, bis zum vergletscherten Ortlermassiv in Südtirol. Der Weg lässt sich gut abkürzen.

Route: Ofenpass (2149 m ü.M.)–Alp da Munt (2213 m ü.M.)–Lai da Juata (2260 m ü.M.)–Alp Campatsch (2087 m ü.M.)–Lü (1920 m ü.M.)–Urschai (2012 m ü.M.)–Craistas (1877 m ü.M.)–Pütschai (1521 m ü.M.)–Müstair (1247 m ü.M.): 6 Std., 20 km

2. Zum Juwel inmitten einer imposanten Bergwelt: Die aussichtsreiche Gratwanderung vom Piz Umbrail zum Lai da Rims, der als einer der schönsten Bergseen der Alpen in unberührter Natur gilt, schreibt sich unvergesslich ins Gedächtnis.

Route: Umbrailpass (2501 m ü.M.)–Piz Umbrail (3033 m ü.M.)– Lai da Rims (2396 m ü.M.)–Alp Clastras –Val Mora –Valchava: 6 Std., 13 km

Beständiges Voranschreiten

Benediktinerkloster Disentis

Schon die Anreise mit der Rhätischen Bahn sorgt für unbedingte Hochstimmung – von Chur kommend, schlängelt sich der rote Zug durchs bergige Bündnerland, durch Ilanz, Rueun, Brigels, Trun, Rabins-Surrein, an jedem der kleinen Bahnhöfe möchte man aussteigen, reinschauen ins urige Dorf und berühmte Spezialitäten der Region geniessen wie Maluns oder Bizochels. In Trun etwa kann man den Spuren des berühmten Malers Alois Carigiet folgen, der bekannt durch seine «Schellenursli»-Bilder ist. Unten leuchtet smaragdgrün aus der Tiefe der Vorderrhein, die Schönheit der Bündner Gipfel und Grate und Zacken ist immer wieder überwältigend. Es ist *die* Erlebnisbahn im Herzen der Alpen, diese Strecke nimmt auch der elegante Glacierexpress (fährt täglich zwischen St. Moritz/Davos und Zermatt).

Kloster Disentis liegt majestätisch am Hang

Benediktinerkloster Disentis

«Cordial beinvegni» – herzlich willkommen in Disentis! 90 Prozent der Einwohner sprechen hier (und in Sedrun) Rätoromanisch, das neben Deutsch und Italienisch Amtssprache im Kanton Graubünden ist. Zuerst war Disentis ein Kloster. Dann entstand rundherum ein Dorf, heute ist es mit 2000 Seelen ein echtes Schmuckkästchen. Gross und gewaltig, von ungeheurer Präsenz, thront über allem das Benediktinerkloster, am Fusse der Berge gelegen und weit in den Talkessel strahlend. Zwei mächtige Türme mit Zwiebelkuppen strecken sich in den Bündner Himmel. In neuem Glanz erstrahlt die Südfassade mit ihrem Schutzmantelbild. Um dem Numinosen Ausdruck zu verleihen, haben sich die Bauherren grossartig ins Zeug gelegt. Dies geschah unter den Äbten Adalbert II. de Medell (1655–1696) und Adalbert III. Defuns (1696–1716), die aus einer mittelalterlichen Gebäudelandschaft eben die heutige barocke «Kirchenburg» hinauf in den Himmel bauten. Die Geschichte reicht jedoch noch viel weiter zurück. Es war der fränkische Wandermönch Sigisbert, der um 700 in der unbewohnten Gegend, lateinisch «Desertina», eine Klause baute, um als Einsiedler zu leben. Ein Rätier namens Placidus schloss sich ihm an, mit seiner Hilfe entstand die erste Kirche, ein Kloster war geplant. Schicksalshaft jedoch wurde Placidus ermordet, über seiner Grabstätte und jener des Sigisbert liess um 750 der Bischof Ursicin ein Kloster errichten und wirkte fortan als Abt einer Mönchsgemeinschaft, die den Regeln des heiligen Benedikt folgte. Unter den Kaisern Otto I. und Friedrich I. Barbarossa erfuhr das Kloster als Hüter des Lukmanierpasses eine Blütezeit, bei der Gründung des «Grauen Bundes», später «Graubünden» hatten im späten Mittelalter die Fürstenäbte entscheidenden Einfluss. Das Kloster Disentis wurde im Laufe seiner Geschichte mehrmals zerstört, gebrandschatzt, wieder aufgebaut (u. a. in den Wirren der Reformation und der Französischen Revolution). Es bewegte sich zwischen Aufschwung und Krisen, im Zuge der Säkularisierung entging Disentis dem Schicksal vieler Abteien, es wurde nie aufgehoben – heute ist es das älteste bestehende

> «Halt an, wo läufst du hin. Der Himmel ist in dir.
> Suchst du ihn anderswo, du fehlst ihn für und für.»
>
> Angelus Silesius

Zeit des Gebets

Benediktinerkloster nördlich der Alpen. Aber so genau weiss man das Alter nicht.

Fest steht: Vor 200 Jahren wurden 1200 Jahre Ursprung des Klosters gefeiert, im Jahre 2014 folglich 1400 Jahre «Stabilitas in progressu», «Beständigkeit im Voranschreiten». Ja, sie haben es sich zur Aufgabe gemacht, die nunmehr 22 Benediktinermönche, in Beständigkeit am Ort und in der Gemeinschaft sich bewusst mit den Zeichen der Zeit auseinanderzusetzen, sich permanent weiterzuentwickeln und die Ideen des Wandels in die Tat umzusetzen. Gewiss ist Disentis mit den Aktivitäten am Puls des Geschehens: als Bildungs- und kulturelles Zentrum, als Arbeitgeber.

Im Rahmen des Forums Kloster Disentis findet zu aktuellen Themen ein lebhafter Austausch statt. Benediktinische Werte wie Weltoffenheit, Gemeinschaft, Gastfreundschaft bleiben bei all dem stark im Blick. Essenzielle Konstante des monastischen Lebens ist der harmonische Dreiklang von Gebet, Lesung und Arbeit – durch diesen Sinn und Halt gebenden Rhythmus wird ein wahrhaft christliches Leben angestrebt. «Hört man die Zeichen zum Gottesdienst, lege man sofort alles aus der Hand und komme in grösster Eile herbei ...», schreibt der heilige Benedikt. Patres, Brüder, Novizen und zeitliche Professen, abgeschieden im Klausurtrakt lebend, engagieren sich, je nach Talent, Gaben, Studium und Ausbildung, in der Seelsorge, Wissenschaft, Forschung, Führung, Verwaltung oder als Handwerker. Eine wichtige, wertvolle Aufgabe ist die Betreuung betagter oder kranker Mitbrüder. Die lange benediktinische Bildungstradition setzt sich auch in Disentis erfolgreich fort mit einem Gymnasium und Internat: «Via Disentis an die besten Universitäten» heisst es im Prospekt, «der Weg nach oben». Laut «Weltwoche» ist es das «beste Internatsgymnasium der Schweiz». Gäste sind seit über 1400 Jahren herzlich willkommen, nach der Regel des heiligen Benedikt: «Den Gast ehren wie Christus». Und in der Tat ist der Empfang in dem Barockbau göttlich schön. Ruhige breite Gänge, weiss getünchte meterhohe dicke Mauern, die Entschleunigung geschieht von selbst in sakraler Atmosphäre. Mittendrin kann man kurz abschwenken zu den archäologischen Ausgrabungen der Ursprungskirche. «Klösterliche Einkehr, kein übliches Unterhaltungsprogramm», dies klingt verheissungsvoll. Stilvolle Zimmer, in hellem Fichtenholz gehalten, sind Werke der klostereigenen Schreinerei. Die ehemaligen Mönchszellen, mit Weitblick in die Berge des Val Medel und das Tal der Surselva, sind bewusst ohne TV ausgestattet, dafür gibt es einen Lesesaal mit WLAN-Zugang. Als Gastmöglichkeiten sind zu nennen: Feriengast, Seminarteilnehmer (diverse Seminarangebote im Kloster), Klausur und Kultur (Einkehr und Horizonte für sich oder sein Unternehmen), «Kloster auf Zeit» (nur für Männer). Nach umfassenden Renovierungsarbeiten verfügt das Kloster über 63 Betten, hinzugekommen sind vier Seminar- und Tagungsräume. In diesem Prachtbau für ein paar Tage zu sein, aufgehoben in monastischer Stille und Einfachheit, hinterlässt zweifelsohne eine Glücksspur. Der Luxus besteht ja in der frei verfügbaren Zeit, ohne Agenda, ohne Verpflichtungen, ohne To-do-Listen. Der Alltag scheint hier ohnehin ganz weit weg, sodass sich der innere Horizont weiten darf.

Im Klosterrestaurant «Stiva» lässt man sich dann von der Klosterküche verwöhnen, beispielsweise mit dem Tagesmenü der Mönche oder der

Grossartige Klosterkirche

köstlichen Bündner Nusstorte von Bruder Gerhard (geöffnet: 8–17 Uhr). Herrlich auch draussen der Platz auf der aussichtsreichen Gartenterrasse, vor einem ein wogendes Blütenmeer. Allerlei Feines hält der Klosterladen bereit: handgelesene Tees aus dem Klostergarten, eigens gebrautes Bier, Wein aus ehemals klösterlichen Weinbergen im Veltlin; ausgewählte Bücher und Zeitschriften sorgen für geistige Nahrung. Und wenn die Glocken läuten, kann man sich zum Stundengebet der Mönche in die Klosterkirche begeben. Schier überwältigt einen die Grösse des Sakralraumes, durch den die Choralgesänge und Psalmen tief und andächtig hallen. Viel Licht flutet das barocke Gesamtkunstwerk, das von Bruder Kaspar Moosbrugger von Einsiedeln nach dem Vorarlberger Münsterschema erbaut und 1712 eingeweiht wurde, ein Kulturgut von nationaler Bedeutung. Die wahnsinnig schönen Deckengemälde, Altäre (zehn an der Zahl!), Chorbögen und Orgel lässt man sich am besten in einer Führung en détail erklären. Eine lange festliche Treppe führt zur anmutigen Marienkirche, in der sich ein Wallfahrtsheiligtum verbirgt, das täglich von zahlreichen Pilgern aufgesucht wird. Seit dem 7. Jahrhundert steht just an diesem Platz diese der Gottesmutter geweihte Kirche. Wer mit dem Aufzug ganz hoch fährt, bis unters Dach, kommt erneut ins Staunen. Gleich mehrere Rekorde versammeln sich im Klostermuseum: das älteste Messgewand der Schweiz und die weltweit älteste Darstellung des Marientods, der Koimesis, auch bekannt als «Disentiser Stuck». Daneben sakrale Kunstwerke, Ikonen, Abteigeschichte sowie die Präsentation der Naturschätze der wunderbaren Region: ihre Flora, Fauna und leuchtende Kristalle aus den Disentiser Bergen.

Das Angebot «Kloster auf Zeit» erlaubt einen Blick in die Welt der Mönche, deren Tagesablauf, deren Leben; es ist eine Zeit der inneren Einkehr und Stille (für maximal drei Wochen). Derart nahe an der Realität des Benediktinerklosters dran, ist diese Form des Gastseins nur Männern vorbehalten. Ein gewisses Interesse für Spiritualität wird erwartet. «Bei uns werden Sie eine völlig neue Welt erleben. Und eben weniger die Welt als sich selber, Ihre Gefühle, Ihr Innerstes», heisst es in der Beschreibung. Mit einem Gastbruder an der Seite findet man sich gut zurecht beim Navigieren durch den Klosteralltag. In früher Stunde, um halb sechs, treffen sich die Mönche zum ersten Gebet – wer möchte, kann sich diesem Rhyth-

Mönche im Refektorium

Benediktinerkloster Disentis

mus der Stundengebete anschliessen. Wie erhellend, ja heilsam und gesund ein solcher ist, kann jeder bestätigen, der es ausprobiert hat. Gemeinsam mit den Mönchen wird im Refektorium gegessen, das Gewahrsein ist nach innen gerichtet, alle schweigen und lauschen der Tischlesung. Wenn die Mönche arbeiten, hat der Gast frei, also viel ruhige Zeit für sich. In der Zelle oder im Lesesaal oder beim Wandern in schönster Berglandschaft. Auf natürliche Weise ergeben sich Gespräche mit Mönchen. Gezielt angefragt, können seelsorgerische Gespräche und theologische Diskurse stattfinden. Mit der Komplet wird der Tag verabschiedet. Das nächtliche Stillschweigen ist eine heilige Zeit, die den Geist zur Ruhe bringen soll. Der strukturierte Tagesablauf hilft nach der Erfahrung vieler zu mehr innerer Harmonie. Für viele Gäste ist daher die Teilnahme an allen fünf Gebetszeiten selbstverständlich.

Den Gang durchs Dorf sollte man täglich pflegen, ist es doch der Inbegriff von Idylle mit seinen schmalen Gassen, plätschernden Brunnen, hübsch bemalten Häusern und hervorragenden Restaurants. Feinschmecker suchen gerne die alte Bündnerstube «Vegila Stiva Grischuna» auf. Es zählt zu den ältesten Gasthäusern von Disentis, zwischen 1810 und 1820 errichtet, nur ein paar Schritte vom Kloster entfernt. Im Bauernrokoko gehalten, mit getäfelter Decke, Specksteinofen, Butzenscheiben, ist es das perfekte Ambiente, um typische Gerichte wie Capuns, Bizochels cun jarvas oder Maluns zu geniessen.

Auch wenn sich im Kloster eine gewisse wirtschaftliche Aufbruchsstimmung abzeichnet – es kommen mehr und mehr Touristen, Seminarbesucher, Pilger (übrigens gibts das Kloster auch als App) –, so steht doch die geistlich-geistige Ausrichtung, das mönchische Leben, klar im Vordergrund. Die Konzentration aufs Wesentliche, aufs Numinose – all dies strahlt auch nach 1400 Jahren durchs Gemäuer und weit hinaus übers Dorf und die unzähligen Bündner Gipfel. Zum Glück.

Infos
Unterkunft: Frauen und Männer wohnen im Gästetrakt. 63 EZ/DZ mit Dusche/WC. «Kloster auf Zeit» (nur für Männer, die im Klausurtrakt leben)
Angebote: Klosterführung, Museumsbesuch, Seminare für Unternehmen, Persönlichkeitsseminare, Stille Tage, Jugendvigil und vieles mehr
Kontakt: Benediktinerkloster Disentis, Via Claustra 1, 7180 Disentis,
Tel. +41 (0)81 929 69 00,
abtei@kloster-disentis.ch,
www.kloster-disentis.ch

Benediktinerkloster Disentis

WANDERUNG

Zu den Quellen des Rheins und des Glücks

Auf schmalen Bergpfaden durch eine hochalpine Bündner Landschaft. Traumhafte Stille, mäandernde Bächlein und zum Schluss der funkelnde Tomasee lassen jedes Wanderherz höher schlagen.

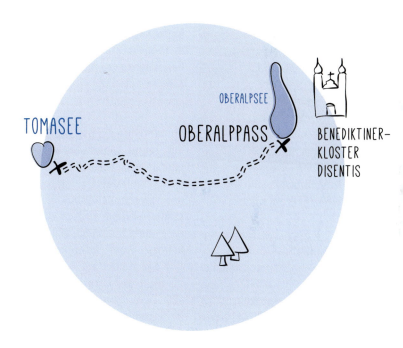

Route: Oberalppass (2044 m ü.M)–Tomasee (2345 m ü.M)–Oberalppass
Wanderzeit: 4 Std.
Wegstrecke: 8 km; Wanderung: mittel
Anreise: Mit dem Zug von Disentis zum Oberalppass
Rückreise: Mit dem Zug ab Oberalppass

Der höchstgelegene
Leuchtturm der Welt

Dass der Tomasee, die Quelle des Rheins, einzigartig ist, entdeckte bereits der wanderfreudige Benediktinermönch vom Kloster Disentis, Pater Placidus Spescha (1752–1833): «Dieser 200 Schritt breite und 400 Schritt lange See ist das Becken, aus welchem der vordere Rhein seinen Ursprung nimmt. Es ist eine wunderschöne Gegend und somit würdig, die Urquelle eines solchen Flusses zu sein.» Also, nichts wie hin! Die knapp 40-minütige Fahrt mit der Matterhorn-Gotthard-Bahn von Disentis hinauf zum Oberalppass – mit 2044 Metern der höchstgelegene Punkt der Bahnstrecke – ist eine der Superlative. Gewaltig die Bündner Bergwelt, die zweifelsohne jedes Wanderherz höher schlagen lässt. Im Winter verwandelt sich die Passhöhe zu einer Top-Destination für Skifahrer und Schneeschuhwanderer im Skigebiet Andermatt–Sedrun. Im Mittelalter ermöglichte der Pass den Bündnern den Zugang zu den Ziegen- und Schweinemärkten in den Kantonen Uri und Tessin.

Auf der Urner Seite der Passhöhe mit seiner kargen Schönheit steigen Sie aus, der Blick fällt sofort auf den glitzernden Oberalpsee. Ruhig und beschaulich liegt er da und stimmt perfekt ein auf die Wanderung zum Ursprung. Nur ein paar Schritte vom Bahnhof entfernt, und Sie stehen auf Bündner Seite. Vis-à-vis der Usteria Alpsu erhebt sich, wie skurril, als Vorbote der Rheinquelle ein zehn Meter hoher, knallroter Leuchtturm. Übrigens der einzige in den Alpen, und der höchstgelegene der Welt. Als Nachbau des Leuchtturmklassikers von Rotterdam schlägt er einen grossen Bogen zum anderen Ende des Rheins in den Niederlanden.

Benediktinerkloster Disentis

Der bestens weiss-rot-weiss signalisierte Bergwanderweg hinauf zum Tomasee (oder Lai da Tuma) führt etwa zehn Minuten entlang der Passstrasse, dann gehts über ein glucksendes Bächlein und gen Süden ins Val Maighels. Ein sagenhaft schöner Bergweg windet sich tiefer und tiefer ins Tal, zunächst über weitläufige Alpweiden. Später wird der schmale Pfad steiler und steiniger. Immerzu höher und höher steigen Sie, dem Lockruf der Rheinquelle folgend. Die weite Bündner Berglandschaft fasziniert, karg und wild und mit Blicken ins Bodenlose. Zerklüftete Felswände ragen in den stahlblauen Himmel. Gräser, Flechten und Moose überziehen die von Wind und Wetter geschliffenen Felsbrocken, die Hänge schimmern braungrau, ocker bis rostrot. Im Juli säumen der süss duftende Türkenbund und Alpenrosen den Wegrand. Rinnsale und rauschende Bächlein beeilen sich hinab ins Tal. Alle Schwere fällt ab auf dieser Tour ... gänzlich den Himmels- und Erdkräften ausgesetzt, die einen mit unerschöpflicher Energie versorgen.

Beim Punkt 2056 zweigen Sie rechts ab, im Zickzack über Stock und Stein und Felsplatten hinauf und nach einigen Kehren zeigt sich der

Herb und schön:
Aufstieg zum Tomasee

Tomasee (Lai da Tuma). Wie ein grünes Juwel funkelt er in der Tiefe einer Firnmulde, umgeben von den majestätischen Gipfeln des Gotthardmassivs. Da, in stiller Unberührtheit, ist also die Quelle des Rheins, dessen 1231 Kilometer lange Reise hier ihren Anfang nimmt.

Unvorstellbar, dass dieser talabwärts rinnende Bergbach bald zu einem Fluss und dann Strom anschwillt und sein Wasser nach rund dreissig Tagen in die Nordsee strömt. Wie es scheint, ist hier auch die Quelle des Glücks. Malerisch spiegelt sich der Wächterberg Piz Badus im kristallklaren Bergwasser, wogendes Wollgras und ein zarter Blumenteppich legen sich um den See. Ungehindert kann man sich in den glazialen Entstehungsprozess hineinträumen und in der Zeitlosigkeit versinken. Im Hochsommer lockt ein erfrischendes Verjüngungsbad. Beseelt von der Magie des Ortes, gehts auf selbigem Weg wieder zurück.

Nein, es ist nicht der «gleiche» Weg, ein anderes Panorama beflügelt beim Abstieg. Auf neue Weise kann man sich der ungeheuren landschaftlichen Weite und dem Bergglühen hingeben.

Wer hinauf zum Tomasee die längere, anspruchsvollere Variante wählen möchte: vom Oberalppass zum Pazzolastock rund 700 Meter hochsteigen, mit Traumsicht auf die Urner Alpen und in die Surselva. Auf felsigem Gratweg – Trittsicherheit erforderlich – gehts via Badushütte zum Bergsee (gut signalisiert als Bergwanderweg). Als Rückweg den direkten Weg zum Oberalppass wählen. Reine Wanderzeit: 5,5 Std.

Eine Naturperle, der Tomasee

Noch mehr Wanderlust?

1. Die Via Lucmagn ist ein uralter Säumerweg, der von Disentis über den Lukmanierpass nach Olivone ins Tessin führt. Bilderbuchschön und abwechslungsreich ist die erste Etappe: Disentis–Curaglia (Mutschnengia): 3 Std., 11 km. An der Haltestelle Acla da Fontauna lotst der Weg gen Süden, mit zahlreichen Spuren früherer Zeiten. Es geht vorbei an der Kirche Sontga Gada aus dem 11. Jahrhundert mit herrlichen Fresken (die hl. Agatha ist Schutzpatronin der Wanderer, Wege und Brücken), über den Rhein und steil hinab ins Dorf Mompé Medel. Entlang Resten des Saumweges, hoch über der bezaubernden Schlucht des Medelser-Rheins, gehts beschwingt nach Curaglia.

2. Der Star der Höhenwege: die 100 Kilometer lange Senda Sursilvana vom Oberalppass bis Chur, mit zahlreichen kulturhistorischen Höhepunkten, prächtigen Ausblicken, Naturerlebnissen. Die erste Etappe vom Oberalppass nach Disentis (oder andersherum) ist sehr aussichtsreich (6 Std., 25 km): über die Weiden zur Alp Guiv, mit Weitblicken auf die Talschaft des «Tujetsch», weiter durch Wälder und blumenreiche Pfade nach Sedrun und gemütlich auf sonnendurchfluteten Wegen nach Disentis.

3. Kapellen-Wanderung Disentis: Auf dem rund dreistündigen, gut signalisierten Kulturweg werden sehenswerte Kirchen besucht. Start ist bei der Pfarrkirche Johannes der Täufer, Disentis, dann gehts nach Acletta, zur auf dem Hügel thronenden Barockkirche und weiter zu den Kirchen in Segnas, Cuoz, St. Gada und schliesslich zur Klosterkirche Disentis.

Unterwegs zum Oberalppass

Ein leuchtender Ort der Begegnung

Ilanzer Dominikanerinnen

Im Herzen der Surselva, jenem herrlichen Flecken Erde zwischen Flimser Wald und Piz Badus, liegt Ilanz, die erste Stadt am Rhein. In dieser wunderbaren Bündner Berglandschaft, am Fusse des Piz Mundaun, gründete 1865 der Priester Johann Fidel Depuoz die Schwesterngemeinschaft «Gesellschaft von der göttlichen Liebe» mit dem Zweck, «allen Menschen ohne Unterschied des Standes, Geschlechtes, Alters, Landes, der Nation und Religion … Gutes zu tun» – eine Industrieschule (1865) und ein Spital (1868) wurden eröffnet, in Zusammenarbeit mit Maria Theresia Gasteyer entstand die Ilanzer Schwesterngemeinschaft, die 1894 dem Dominikanerorden affiliiert wurde. Nach Depuoz' Tod baute Gasteyer mit unermüdlicher Tatkraft das Werk aus. Nach ihrem Tod (1892) wuchs die Schwesterngemeinschaft weiter und damit auch die Werke, zunächst in der Schweiz, in Deutschland und

Ilanzer Dominikanerinnen

Moderne Klosteranlage Ilanz

Österreich. Mit den gesellschaftlichen Veränderungen änderten sich die Aufgaben der Dominikanerinnen, ein Teil dieser einflussreichen Institutionen sind heute in öffentlicher Hand.

Ganz neue Möglichkeiten eröffnen sich, als die Schwestern 1970 die moderne Klosteranlage auf Quinclas hoch über Ilanz beziehen, im Schutze eines Mischwäldchens, mit grossartiger Sicht ins Lugneztal und wildes Gebirge. Der Zürcher Architekt Walter Moser lässt mit viel Sichtbeton, Bündner Putz und Tannenholz ein mediterran inspiriertes Gebäude auf Fels entstehen, das klar auch die Handschrift weitsichtiger, sozial engagierter Dominikanerinnen trägt. Eine Architektur, die den Werten der Schwestern entspricht: die Fürsorge, Begegnung und Kommunikation fördert, Verbindungen schafft, dem Leben dienend. In den grosszügigen, u-förmigen Komplex wurde inzwischen ein internes Alters- und Pflegeheim mit 30 Plätzen integriert.

Eine Fortsetzung der Geste der Offenheit fand 1990 statt. Man begann, die Internatsräume der ehemaligen Institutsschule zu einem Haus der Begegnung umzugestalten, direkt ans Konventgebäude anschliessend – seither sind die Tore noch weiter offen für Menschen aus nah und fern, die sich von dem Geist der Dominikanerinnen angesprochen fühlen. Vieles ist möglich in Ilanz: sich besinnen und

Glasfenster Vollendung

Glasfenster Pfingsten

bilden, innerlich einkehren oder einfach Ferien machen und sich erholen. An der Liturgie der Klostergemeinschaft teilnehmen, ungestört arbeiten oder sich für eine Weile von der Hektik des Alltags zurückziehen. Ein starkes Bild, wenn sich die Ilanzer Schwestern zweimal täglich zum Chorgebet in der Kirche treffen: Rund 110 Frauen im weissen Ordenskleid – um 1920 trugen sie noch schwarze Kleidung – singen in warmen Tönen die Psalmen und weben einen Klangteppich. Mehr und mehr dehnt sich ein unsichtbares Netz der Verbundenheit aus, man wird Teil der Gemeinschaft, ganz ohne Worte. Welch kraftvoller Ort, das schlichte Gotteshaus, das so ganz ohne Heiligenfiguren auskommt. Umso mehr faszinieren die reihum bunten Glasfenster des Zürchers Max Rüedi, voller Symbolik erzählen sie von der Heilsgeschichte Gottes mit dem Menschen, dem Weg der Seele zurück ins Paradies. Die Kirche lebt mit Jahres- und Tageszeiten, je nach Lichteinfall leuchtet ein anderes Fenster und wirft Schatten und Fragen auf, denen man lauschen kann. Darüber geht an der Decke der Stern von Dominikus auf, der alle segnet.

Begegnung, Dialog und Engagement haben bei den Ilanzer Dominikanerinnen einen grossen Stel-

*«Jeder Mensch hat eine einmalige Lebensberufung.
Diese zu finden, ist das Glück, die Erfüllung des Lebens.»*

Sr. Madlen Büttler, Kloster Ilanz

lenwert. Sie sind tätig in sozialen und religiösen Projekten in Brasilien, Taiwan, in einer Gebetsgemeinschaft «Ehrenwache Mariens» wird für Sterbende gebetet. Zuhauf Talente und Begabungen bringen die Schwestern ein, spirituelle und seelsorgerische, soziale und musikalische. Und so entsteht dynamisch immer wieder Neues: Hilfsprojekte, Seminare (seit zehn Jahren geht von Ilanz eine starke Hospizbewegung aus) und Angebote wie: Exerzitien, Meditation, Gebets- und Oasentage zum Auftanken und sich neu spüren. Ein spezielles Angebot, das Time-out, richtet sich an Menschen, die sich für ein paar Wochen zurückziehen und einen wohltuenden Rhythmus erfahren möchten. Eingebettet in einen klösterlichen Rahmen, ist neben einer festen Tagesstruktur gleichermassen genügend Raum und Zeit für persönlich gestaltete Auszeit. Gerne genutzt wird auch die geistliche Begleitung, wo Ratsuchende mithilfe von Gesprächen zu sich selbst und zur eigenen inneren Kraftquelle zurückfinden. Wo Besinnung, Bildung, theologische Themen und Kommunikation derart grossgeschrieben werden, verwundert es nicht, dass in dem Jahresprogramm über 60 Kurse und Seminare diverser Dozenten angeboten werden. Beliebt sind auch die alljährlichen Ilanzer Märchentage, wo alte Texte neu durch Zuhören, Gespräch und Tanz interpretiert werden.

Alles, was Leib und Seele guttut, wird im Haus der Begegnung gefördert. So zaubert die Küche täglich kulinarische Leckerbissen auf ein ansehnliches Buffet, im grossen Speisesaal kommt man schnell ins Gespräch mit anderen Gästen – wenn man das möchte. «Willkommen zu sein ist eine der herzlichsten Begegnungen» – so der Begrüssungstext in dem einfachen Zimmer, wo nichts fehlt, wo alles Notwendige da ist für geruhsame Auszeittage. Bei den Büchern in

Blick in den Innenhof

Ilanzer Dominikanerinnen

Meditationsraum

der gemütlichen Sitzecke und im Klosterladen können Gäste ausgiebig schmökern. Die Stille einatmen – hierzu laden der Meditationsraum und natürlich die Kirche ein. Feierlich schön ist die Lourdesgrotte, gleich über dem Friedhof. Kerzen flackern inmitten des Wäldchens, von üppiger Grünkraft eingenommen, eine reine heile Welt, in der man sich lange aufhalten mag. Überhaupt ist die Anlage angenehm grossflächig und lädt ein, hierhin und dorthin zu mäandern, da gibt es die Sonnenterrasse vor erhabener Bündner Bergkulisse. Vielleicht wird auch der Gang ins Kloster-Café «Quinclas» zum täglichen Ritual, wo man einen Snack geniesst, auch ergeben sich dort die zufälligen interessanten Begegnungen. Ein Kleinod in der Advents- und Weihnachtszeit in dem eigens hierfür eingerichteten Ausstellungsraum ist die Weihnachtskrippe mit mehr als 1000 zauberhaften Krippenfiguren. Diese werden seit nunmehr 50 Jahren von der inzwischen 96-jährigen Schwester Anita Derungs kreiert und sind weit über die Grenzen hinaus bekannt. Unweigerlich steigt in Ilanz auch schnell Urlaubsfeeling auf, die umliegenden reizenden Dörfer und hohen Berge und Wanderwege locken. Runter ins «Städtli» ist ein Muss, die Ilanzer Altstadt mit den hohen Stadtmauern und den malerischen Häusern aus dem 16. und 17. Jahrhundert erzählt lebendige Geschichte. Und unbedingt sollte man zu den Gestaden des Rheins. Kloster Ilanz, ein herzlicher Ort der Gemeinschaft, der hell hinausstrahlt in die Welt.

Infos
Unterkunft: Frauen und Männer wohnen im Gästehaus. 53 EZ/DZ mit fliessendem Wasser oder Dusche/WC
Angebote: Frauenfrühstück, Beten mit Leib und Seele, Qi Gong, Auszeit mit spirituellem Input, Jin Shin Jyutsu, Spirituelle Wanderwochen, Erholungstage für pflegende Angehörige, Der ethische Weg – Erste Hilfe durch das Wort, Ilanzer Yogawoche
Kontakt: Dominikanerinnenkloster Ilanz, Haus der Begegnung, Klosterweg 16, 7130 Ilanz, Tel. +41 (0) 81 926 95 40, hausderbegegnung@klosterilanz.ch, www.klosterilanz.ch

WANDERUNG

Durch den Schweizer Grand Canyon

Einmalig schöne Flusswanderung durch die Rheinschlucht: durch Uferwäldchen, Wiesen und hangaufwärts, den spektakulär in Falten gelegten Steinmonumenten entgegen.

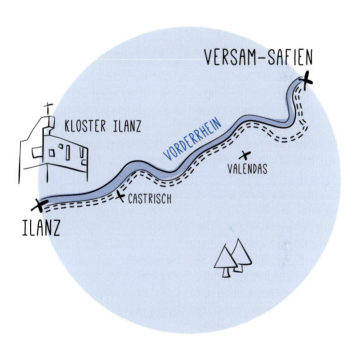

Route: Ilanz (698 m ü.M.)–Castrisch (722 m ü.M.)–
Valendas-Sagogn (669 m ü.M.)–Versam-Safien (635 m ü.M.)
Wanderzeit: 3–3,5 Std.
Wegstrecke: 12 km; Wanderung: leicht
Anreise: Mit dem Zug nach Ilanz
Rückreise: Mit dem Zug ab Versam-Safien

Rheinpoesie von Anfang an

Wenn Sie am Ilanzer Bahnhof ortsauswärts gehen, via Glennerstrasse über die Glenner-Brücke und gleich links abzweigen, kommen Sie zur Ruinaulta – eine bis zu 400 Meter tiefe, rund 14 Kilometer lange Schlucht des Vorderrheins zwischen hier und der Mündung des Hinterrheins bei Reichenau. Der rätoromanische Name ist zusammengesetzt aus Ruina, «Geröllhalde, Steinbruch», und aulta, «hoch». Begonnen hat die Geschichte mit dem gewaltigen Flimser Felssturz. Vor beinahe 10 000 Jahren brachen oberhalb von Flims über 10 Kubikkilometer Fels ab. Sie donnerten mehr als 1000 Meter in die Tiefe und begruben das Tal des Vorderrheins zwischen den heutigen Dörfern Castrisch und Reichenau auf einer Fläche von über 50 Quadratkilometern unter einer mehrere hundert Meter dicken Schuttmasse. In der Folge staute sich der Rhein auf eine Länge von 25 Kilometern und bildete den Ilanzer See. Mit der Zeit jedoch schnitt sich der Fluss tief in die Bergsturzmassen ein und schuf die landschaftlich einmalige Rheinschlucht. Es ist der grösste Felssturz in den Alpen, einer der bedeutendsten weltweit. Dieses imposante Naturspektakel lässt sich prächtig erwandern – im Folgenden als «656 Trans Ruinaulta» signalisiert, für heute gehts nach Versam-Safien.

Der türkisgrüne Rhein nimmt Sie gleich schwungvoll mit auf seine Reise, auf weich federndem Waldboden wandern Sie durch ein Naturschutzgebiet, es duftet nach frischer Erde. Vorbei an Birken, Föhren, Tannen und einer wild wuchernden Ufervegetation. Ein kleiner Schlen-

Ilanzer Dominikanerinnen

ker führt zu den Bahngleisen von Castrisch, durch diesen idyllischen Talboden windet sich auch der gläserne Glacierexpress. Am Ufer gegenüber schmiegen sich die Dörfer Schluein und Sagogn an den Hang. Bald ist das Wasser wieder in Tuchfühlung ... zauberhaft, das Auenwäldchen am Flussufer bei Isla Sut. Offene Kiesbänke und Inseln werden bei jedem Hochwasser neu verschoben und kunstvoll modelliert. Neben Birken und Erlen neigen sich lianenartig verschlungene Bäume und Büsche in den Rhein. Für Orchideen, allerlei Schmetterlinge und seltene Vogelarten wie Flussregenpfeifer und Flussläufer ist dies ein Paradies. Ganz eingenommen von der Stille des wurzeligen Waldpfades, der sich immer wieder neu inszeniert und mit schönsten Licht- und Schattenspielen daherkommt, gehts zunächst Valendas entgegen. Immer wilder wird das Naturschauspiel aus weissen hohen Kalksteinfelsen, Sturzmasse, Wasser, Baumkraft. Wie viele Farben hat der Rhein? Mal türkis und smaragdgrün, himmelblau, dann wieder weiss schäumend, dunkel und grau ist der Fluss, der mal rasend schnell, sprudelnd, dann wieder aus unerfindlichen Gründen gemächlich und leise seinen Lauf nimmt.

Wie viele Farben hat der Rhein?

Durch malerische Flecken Erde schlängeln sich die Rhätische Bahn und der Glacierexpress

Längst haben auch Kanuten den Rhein für sich entdeckt, regelmässig paddeln sie jauchzend und jubelnd und ganz eins mit dem Fluss elegant vorbei. In Valendas ist etwa die Hälfte des Weges zurückgelegt. Heraklits «Alles fliesst» kommt einem unweigerlich in den Sinn, läuft es sich hier doch wie von selbst. Wie gerufen kommt bald der Rastplatz Schwarzes Loch – mit Grillstelle. Vielleicht wollen Sie ein erquickendes Fussbad im Rhein nehmen ... Und dann gehts unter der Bahnunterführung durch, beim Carreratobel führt ein breiter Naturweg in die Höhe, irgendwann ins Wäldchen. Für eine Weile lässt sich jetzt das Rheinspektakel, diese türkisfarbene Schlange, von oben verfolgen.

Mit frischem Quellwasser und bereits aufgeschichtetem Feuerholz überrascht der Rastplatz Isla. Von dort wandern Sie federleicht wieder abwärts – und der überwältigenden Schlucht entgegen. Jetzt wird richtig klar, weshalb die Rheinschlucht auch als «Swiss Grand Canyon» bezeichnet wird, wenngleich natürlich deutlich en miniature zum Original in Nordamerika. Auf schmalem Dammweg, hoch über dem glitzernden Rhein, wandern Sie den gewaltigen, bis zu 400 Meter hohen Schluchtwänden entgegen. Man möchte die Flügel ausbreiten und abheben ... Ganz nah die bizarren Zerfurchungen der Trümmermasse, die Erosion formte in die Felsen markante Gesichter und Skulpturen. Sitzende Philosophen, Adler oder Berggeister? – Jedenfalls beflügeln die Canyons ungemein die Fantasie. Für diesen Abschnitt sollten Sie sich Zeit nehmen, zum Staunen und Rätseln, ist doch die Natur die grösste Künstlerin überhaupt.

Rheinspektakel von oben

Nach dem Rastplatz Erikabühl ist es noch knapp ein Kilometer nach Versam-Safien, weiterhin in Be-

Ilanzer Dominikanerinnen

gleitung der grandiosen, in Falten gelegten Steinmonumente. Sie kommen direkt am Bahnhof raus. Gleich gegenüber lädt das wirklich lauschige «Café zur Einkehr & Mystik» ein, mit allerfeinsten selbstgemachten Gaumenfreuden wie Capuns, Apfelwähe und der unvergesslichen Engadiner Nusstorte. Ein besonderer Rastplatz und Kraftplatz für Wanderer, die nicht nur im Aussen, sondern auch innen unterwegs sind.

Hinweis: Eine Wanderweg von Versam-Safien flussabwärts Richtung Reichenau und Bonaduz gibt es leider nicht, obgleich eine Bahnlinie durch die Schlucht führt (Stand: 4/2018).

Steinstrand zum Träumen bei Versam-Safien

Noch mehr Wanderlust?

Im Märchenwald bei Flims, wo einst Milliarden von Kubikmetern Gestein in die Tiefe donnerten, funkeln zauberhafte Bergseen. Start der gut signalisierten Wanderung ist in Flims Waldhaus, zunächst gehts durch einen parkähnlichen Wald zum türkisgrün schimmernden Caumasee, der verwunschen in einer Mulde liegt. Conn, ein Ausflugsrestaurant, liegt auf einer Lichtung, darüber der wuchtige Flimserstein, sagenhaft dort die Aussichtsplattform mit sensationellem Tiefblick in die Ruinaulta. Durch den grossen Wald, Uaul Grond, gelangt man zu einem weiteren Bijou, dem magischen Crestasee, via Nigluz gehts hinab nach Trin Mulin.

Route: Flims Waldhaus (1090 m ü.M)– Caumasee (997 m ü.M)–Conn (975 m ü.M)–Crestasee (880 m ü.M.)– Trin Mulin (820 m ü.M): 2,5 Std., 9 km

Dem Himmel ein Stück näher sein

Kloster Engelberg

Erste Naturforscher und Touristen entdeckten bereits im 18. Jahrhundert das von Gipfelriesen umzingelte Engelberg. Titlis, Hahnen, Engelberger Rotstock, Ruchstock, Rigidalstock sowie Chly und Gross Spannort bilden die Kulisse. In der zweiten Hälfte des 19. Jahrhunderts brachte der Tourismus tiefgreifende Veränderungen. Erste noble Hotels und Parkanlagen entstanden, das verschlafene Dorf verwandelte sich rasch vom Bauerndorf in einen weithin bekannten Kurort. Fasziniert von der Bergwelt und der kristallklaren Luft, stiegen die Gäste hier ab und liessen sich mit Bade- und Trinkkuren verwöhnen. Im Engelberger Talmuseum kann man im 1787 erbauten Wappenhaus der interessanten Tal- und Klostergeschichte nachspüren. Bis heute ist der im weiten Hochtal auf rund 1000 m ü.M. gelegene Klosterort ein Magnet für Erholungssuchende. Jahraus, jahrein lockt das Wanderparadies im Herzen der Schweiz, im Winter bezirzen die verschneiten Berge, allen voran der 3000er Glet-

Kloster Engelberg

Kloster Engelberg

scherberg Titlis. Noch verbliebene Häuser aus der Belle Époque, in Kombination mit neuerer Architektur verströmen ungeheuren Charme. Engelberg ist irgendwie Liebe auf den ersten Blick.

Streng, beinahe asketisch erhebt sich die Klosteranlage über das 4000-Seelen-Dorf. Dem Benediktinerkloster liegt eine Sage zugrunde, der man sofort Glauben schenken mag: Der Gläubige Konrad von Sellenbüren hörte über dem Hennenberg, dem heutigen Hahnen, Engelsstimmen mit der Botschaft, er möge auf der Ochsenmatte eine «Gott geweihte Stätte» errichten. Als er um 1120 mit dem Abt Adelhelm in der Nähe der Adelhelmsquelle, auf der oberen Erlenmatte stand und für das neu gebaute Kloster einen Namen suchte, erklangen erneut Engelsstimmen vom Hahnen. Mit zauberhaften Tönen und Klängen sang ein Chor von Engeln das Gotteslob. Der Berg von Engeln – Engelberg! Und so nannte man fortan das Kloster und die Siedlung der Talbewohner Engelberg.

Fakt ist, dass Konrad von Sellenbüren das Kloster 1120 gegründet hat und dass die ersten Mönche vom Kloster Muri (Aargau) kamen. Die Klostermauern fielen 1729 einem Brand zum Opfer, zwischen 1735 und 1740 entstand der heutige Bau, einer der grössten Barockbauten der Zentralschweiz.

Herzstück des mächtigen Klostergevierts ist die Stiftskirche. Der Besucher betritt durch das Kirchenportal die Vorhalle, dahinter dehnt sich der langgezogene Kirchenraum aus. Die Konzeption folgt dem frühbarocken Vorarlberger Münsterschema, charakterisiert durch einen einschiffigen Hallenbau mit markanten Wandpfeilern. Die Grösse, Weite und Schönheit ist überwältigend. Zuerst zieht das dynamische Hochaltarbild der Himmelfahrt Mariens von Franz Josef Spiegler (1691–1757) die Aufmerksamkeit auf sich. Der Blick wandert hoch zu den bilderreichen Deckengewölben mit filigranen Stuckaturen, Ranken und Ornamenten – welch traumhafter Kirchenhimmel. Prachtvolle Gemälde, Szenen aus dem Leben der Heiligen und posaunende Engel sind zu bestaunen. Von grosser Ausstrahlung ist das Gnadenbild U.L.F. von Engelberg, eine farbig gefasste Holzfigur auf dem Chorraum vorgelagerten Seitenaltar auf der linken Seite. Neben verschiedenen (Seiten-)Altären finden sich die Grabmäler des Klosterstifters und des ersten Abtes. Eine Beson-

Innenhof mit Barockgarten

derheit auf der Westempore ist die grösste Orgel der Schweiz (im Grundbestand aus dem Jahre 1877). Sie verfügt heute über 9097 klingende Pfeifen für 137 Register. Der barocke Prachtbau ist durchdrungen von aussergewöhnlicher spiritueller Kraft, gerne verweilt man hier in Stille und Andacht. Gäste sind eingeladen, an den Stundengebeten der Mönche teilzunehmen. Fünfmal täglich treffen sich die Mönche im Chorgestühl, zu Gebet und Gottesdienst, erstmals um 5.30 Uhr zur Laudes, der Tag wird um 20 Uhr mit der Komplet feierlich beendet und geleitet zur Nachtruhe ins Schweigen. Dabei spielt der Gregorianische Choral eine zentrale Rolle. Eindrücklich lassen die Mönche die mittelalterlichen Melodien in das Gewölbe aufsteigen, das Herz des Hörers ist berührt, der Geist darf sich weiten. Es ist reine Freude, Feier und Lobpreis. Noch lange bleibt der Kirchenraum erfüllt mit den längst verklungenen Stimmen. Der starke Sakralraum wird auch regelmässig für Konzerte genutzt, Höhepunkte sind der Engelberger Orgelsommer oder Weihnachtskonzerte des Stiftschors.

«PAX – Friede sei mit dir». Mit diesem Friedensgruss, der über dem grossen Eingangstor zum Kloster steht, werden die Gäste empfangen. Er ist ein Hinweis auf die spirituelle Dimension der Gastfreundschaft, so wie es bereits der heilige Benedikt als Mass anlegte: «Alle Fremden, die kommen, sollen aufgenommen werden wie Christus.» In der Tat geniesst die Aufnahme von Gästen seit der Klostergründung eine lange Tradition. Grosszügig öffnet das Kloster seine Pforten für all jene, die sich für ein paar Tage oder Wochen von der Lebensform der Mönche inspirieren lassen möchten. Für Menschen, die sich nach einer Zeit der Stille und des Rückzugs sehnen; nach einer Auszeit für Leib und Seele, um Abstand zu finden zum gewohnten Alltag; nach einem Raum, um Lebensfragen nachspüren und Denkanstösse gewinnen zu können. Manch einer möchte sich einfach nur entspannen und erholen in klösterlicher Ruhe. Mit dem Gang über die Schwelle betritt man auch eine andere Welt. Es ist ganz still, konzentriert, ein klarer offener Geist weht hier – dies spiegelt sich übrigens auch in der prächtigen Architektur wider. Lichtdurchflutet ist das Treppenhaus mit den stuckverzierten Decken und Gewölben. Hier und dort setzen Gemälde mit Heiligenlegenden stimmungsvolle Akzente. Der Gastpater empfängt die Gäste herzlich und führt sie durch die breiten Gänge zu ihrem neuen Zuhause auf Zeit, den ehemaligen Mönchszellen. Aber daran erinnert heute nichts mehr ausser den Namen von Äbten und Heiligen, die über den schweren Nussbaumtüren stehen. Die Zimmer sind grosszügig geschnitten, einfach, und doch klingt diskreter Luxus an. Stilvolle Möbel aus der klostereigenen Schreinerei, klare Formen und Sinn für Ästhetik lassen einen augenblicklich ankommen und wohlfühlen. Traumhaft, der Bergblick aus dem Fenster. Der grosse Reichtum liegt ja darin, viel freie Zeit zur Verfügung zu haben und die Tage nach persönlichen Vorlieben zu gestalten.

Altar in der Klosterkirche

Bei Bedarf bietet der Gastpater ein begleitendes seelsorgerisches Gespräch an. «Die Gastfreundschaft der Benediktiner steht sowohl Frauen wie Männern und Familien offen», so Pater Benedikt Locher.

Gemeinsam mit andern Gästen wird im gemütlichen Gastrefektorium zu festgesetzten Essenszeiten gespeist. Eine köstliche, gesunde Klosterküche kommt auf den Tisch, zu Mittag jeweils ein 3-Gang-Menü. Manchmal schmeichelt die Küchenbrigade auch mit alten klösterlichen Fastenrezepten. Sonderwünsche werden gerne erfüllt. Das

Im Barocksaal finden zahlreiche Konzerte statt

Angebot «Kloster auf Zeit» richtet sich ausschliesslich an Männer, die sich für Spiritualität interessieren bzw. eine Auszeit in klösterlicher Umgebung nehmen möchten. Gemeinsam mit den Mönchen nehmen sie Mittag- und Abendessen im Klosterkonvent ein. So nah an der Realität der Mönche dran, haben sie die Gelegenheit, mehr über benediktinisches Leben zu erfahren. Wer einen Blick in die Schätze des Klosterinneren werfen möchte, kann dies im Rahmen einer Führung tun (täglich um 16 Uhr, ausser an Sonn- und Feiertagen). Zu den Besonderheiten zählt das von Bruder Columban Louis mit Intarsien ausgestattete Tugendzimmer sowie die Stiftsbibliothek mit Bücherbeständen seit der Gründerzeit. Oder der stimmungsvolle Barocksaal, der den perfekten Rahmen für die alljährlich im Hebst stattfindenden «Zwischentöne» bietet. Das Kammermusikfestival stösst seit Anbeginn (2015) auf viel Begeisterung und ist ein Geheimtipp für musikalische Schatzsucher.

Seit bald 900 Jahren leben in Engelberg Mönche nach dem Rhythmus «ora et labora», in einem ausgewogenen Wechsel von Gebet, geistlicher Lesung und Arbeit. Heute wohnen im Klausurtrakt 21 Mön-

Kloster Engelberg

che, die je nach Talent, Ausbildung und Studium in der Seelsorge, Verwaltung, Führung oder als Lehrer tätig sind sowie im Handwerks- und Dienstleistungssektor. Bildung, aber auch Kunst und Kultur haben in Engelberg eine lange Tradition. Ab 1851 wurde die Schule stark ausgebaut, neben dem Gymnasium gibt es eine integrierte Orientierungsschule. Das Kloster stellt die Räume zur Verfügung. Unter den Engelberger Benediktinern gibt es herausragende Künstler wie Bruder Xaver Ruckstuhl (1911–1979), Pater Carl Stadler (1921–2012), Bruder Columban Louis (1887–1966). Der heute noch im Kloster lebende zeitgenössische Künstler Pater Eugen Bollin hat sich mit seinem modernen zeichnerischen Schaffen einen Namen im schweizerischen Kunstbetrieb erworben. Innerhalb der Klostermauern gibt es hier und dort ruhige Plätze zum Niederlassen inklusive Bergpanorama, u. a. lockt der blütenreiche Garten zu Mussestunden. Ein Blick in die Schaukäserei, in den Räumen der ehemaligen Klosterkäserei untergebracht, lohnt unbedingt. Während des ganzen Tages kann man live miterleben, wie von Hand Käse produziert wird: nämlich die berühmten «Engelberger Klosterglocken». Dazu gehören ein kleines Restaurant und ein Laden, wo es eine grossartige

> «Fünf Beter auf jeder Seite, und der Morgen schmilzt sich ein in unser dunkles Tun, bricht es auf zur Helle hin, setzt Glastropfen, weiche, auf Stirn und Hand.»
>
> P. Eugen Bollin OSB Engelberg

Auswahl an bestem Klosterkäse gibt: Rahmkäse, Bergkäse, Säumerkäse, Iglukäse u. a. Die seit Jahrhunderten durchbeteten Mauern zeugen von grosser Strahlkraft. Vielleicht ist die Stille das bedeutendste Angebot des Klosters. «Stille nicht als negativer Leerraum, sondern ein positiver Freiraum für das Eintauchen in tiefere Lebensdimensionen.» In Engelberg, so scheint es, ist man dem Himmel und den Engeln ein Stück näher.

Infos
Unterkunft: Frauen und Männer wohnen im Gästetrakt. 17 EZ/DZ mit Dusche/WC bzw. vereinzelt mit Etagenbad. «Kloster auf Zeit»: nur für Männer, die im Klausurtrakt leben
Angebote: regelmässige Konzerte in der Klosterkirche und im Barocksaal, Seminare, Tagungen, Vorträge, Bankette mit Stil. Klosterführungen jeweils Montag bis Samstag um 16 Uhr, Treffpunkt Klosterpforte
Kontakt: Kloster Engelberg, Benediktinerkloster 1, 6390 Engelberg, Tel. +41 (0)41 639 61 19, pforte@kloster-engelberg.ch, www.kloster-engelberg.ch

Kloster Engelberg

WANDERUNG

Den Engeln ganz nah

Panorama-Bergwanderung im Banne von Titlis und weiteren imposanten Gipfelriesen, zugleich Wellness für die Füsse auf dem Barfussweg «Kitzelpfad».

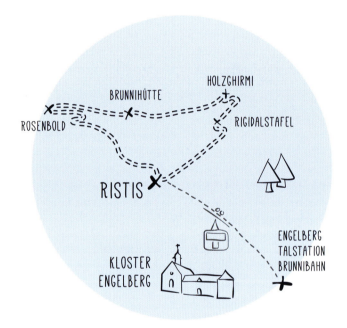

Route: Engelberg Talstation Brunnibahn (1000 m ü.M.)–Luftseilbahn nach Ristis (1606 m ü.M.)–Rigidalstafel (1748 m ü.M.)–Holzghirmi (1880 m ü.M.)–Brunnihütte (1860 m ü.M.)–Rosenbold (1805 m ü.M.)–Ristis
Wanderzeit: 3 Std.
Wegstrecke: 10 km; Wanderung: leicht bis mittel
Anreise: Mit dem Zug von Luzern nach Engelberg
Rückreise: Von Engelberg mit dem Zug nach Luzern

Der Hahnen, wo vor langer Zeit Engelszungen redeten...

An der Talstation Brunnibahn (Ortsende von Engelberg) lassen Sie sich bequem hochschaukeln auf 1600 Meter Höhe nach Ristis, mit Traumblicken übers ganze Tal. Sie folgen dem Wegweiser Richtung Rigidalstafel/-alp. Ein breites Strässlein führt in grossen Kehren hinauf, durch die kleine Alp Obhag mit den Holzhüttchen, zum Greifen nah u. a. Chly und Gross Spannort, Titlis und der Hahnen, wo vor langer langer Zeit Engelszungen redeten... Ein paar «Göttersitze» sind am Wegrand aufgestellt: stabile, mit Eisenketten befestigte Holzbänke, in denen man stundenlang versinken möchte. Im Sonnenlicht leuchtende Alpweiden, mit grossen Tannen gespickt, ziehen sich runter in den Talkessel. Die Falten und Grate und Spitzen unzähliger Berge lassen sich auf dem Sonnenweg eingehend studieren. Immerzu sanft aufwärts, ganz mühelos, bis Sie die Rigidalalp erreichen – ein Beizli mit prächtiger Sonnenterrasse. Unter stahlblauem Himmel gehts weiter auf dem gut markierten Brunnipfad, unter dem Motto: «Ein Weg durch den Lebensraum im Gebirge». Mehr als hundert Pflanzenarten sind entlang des Weges gekennzeichnet, auf Infotafeln erfährt man so manch Spannendes

Kloster Engelberg

über die Bergwelt und deren Bewohner sowie Flora und Fauna. Jetzt führt ein schmaler Bergpfad aufwärts, über Stock und Stein, nach einigen steilen Holztreppen erreichen Sie Holzghirmi – Zeit für eine Atempause, Schauen und Staunen. Hier gehts links und dann mehr oder weniger auf der 1860-Meter-Höhenlinie, am Fuss des Brunnistocks zur Brunnihütte – mit nach wie vor grandiosem Panorama. Enzian, Knabenkraut, Arnika, Trollblumen, Disteln leuchten am Wegrand, man blickt in die schiere Weite, bleibt stehen, geniesst die Alpenstille. Die Brunnihütte des SAC verströmt zweifelsohne grossen Charme, drinnen in der gemütlichen Stube oder draussen auf der Sonnenterrasse. Anhand einer Karte kann man die unzähligen Gipfelriesen identifizieren: Nollen, Wendenstöcke, Bärenzahn, Titlis … Wie wäre es mit einem Älpler Znüni, Chriesiwähe, hausgemachten Nussgipfeli, Älplermagronen?

Auf grossen und kleinen Steinen, Bänken, an der Wasserlandschaft mit Feuerstellen finden sich zuhauf romantische Plätze. Funkelnd in der Mitte der herzförmige Härzlisee, um den sich der «Kitzelpfad» windet:

Wellness für die Füsse auf dem Barfussweg

Sonnenbaden am Härzlisee

ein Barfussweg mit wechselnden Untergründen wie Sand, Kiesel, Holzschnitzel bietet Wellness für die Füsse. Diese wohltuende Fussmassage sollten Sie sich gönnen.

Unmittelbar bei der Brunnihütte wurde originelle Geschichte geschrieben: 2009 lancierte Schweiz Tourismus eine «Werbekampagne» für die «sauberen Schweizer Berge»: ein dreiminütiger Kurzfilm, wo sportliche «Felsenputzer» mit Besen und Bürsten und Muskelkraft kantige Felswände und Berge reinigten und von Schmutz und Abfall befreiten … Ein paar Medien nahmen diese Infos gar für bare Münze, bis klar wurde, dass es sich um einen Aprilscherz handelte – vom «Time Magazine Online» zum fünftbesten Aprilscherz der Welt gekürt und über 100 Millionen Mal im Internet aufgerufen. Übrigens befinden sich im Brunnigebiet vier attraktive Klettersteige mit unterschiedlichen Schwierigkeitsgraden. Der Brunnipfad führt vom Härzlisee durch eine nach wie vor sagenhafte Berglandschaft, auf einer Kammhöhe nach Rosenbold, mit Fernsichten und Blütenpracht und Blick aufs Engelberger Tal. Man möchte die Flügel ausbreiten und über Engelberg fliegen … Ab Rosen-

Kloster Engelberg

Es geht bergab nach Ristis

Kloster Engelberg

bold gehts nur noch bergab, eine Weile durch ein Wäldchen und bald schon durch sattgrüne Alpweiden – hier ist die Heimat glücklicher Kühe – und am Bauernhof vorbei. Wen es gelüstet, der nimmt aus dem Kühlschrank feinsten würzigen Alpkäse und wirft das Geld in die Kasse. In Kürze laufen Sie in Ristis ein, wo Sie sich auf der Sonnenterrasse wunderbar niederlassen können. Vielleicht gondeln Sie mit der Bahn wieder hinunter. Wer noch etwas Energie hat, kann den einstündigen Bergwanderweg von Ristis via Flühmatt runter nach Engelberg nehmen.

Noch mehr Wanderlust?

1 Wer es noch wilder, noch ursprünglicher, noch stiller möchte, gondelt hinauf zur Fürenalp (am Talende von Engelberg ist die Talstation), dort startet die grossartige Höhenwanderung. Ein schmaler Bergweg führt durch kraftvolles Gebirge, das Zusammenspiel von mächtigen zerklüfteten Bergen und sich in die Tiefe stürzenden Wasserfällen ist grandios, auf den Alpweiden grasen Kühe und Schafe, verschwenderisch verstreut sich eine bunte Alpenflora. Die Zeit scheint irgendwie stillzustehen hier oben, stets aufs Neue öffnen sich wunderbare Landschaftstore und Vegetationszonen, toll auch der Gang entlang des laut donnernden Flusses, dem Stierenbach. Urchige Beizen gibt es zuhauf am Wegesrand, gleich fünf. Bergidylle pur. Eine Seelenlandschaft eben.

Route: Bergstation Fürenalp (1850 m ü.M.)–Äbnet (1670 m ü.M.)–Stäuberwasserfall (1630 m ü.M.)–Stäfeli (1393 m ü.M.)–Alpenrösli (1258 m ü.M.)–Talstation Fürenalp (1084 m ü.M.): 3 Std., 8 km

2 Von Kloster zu Kloster: Der Benediktusweg bildet eine Verbindung vom Kloster Engelberg zum weithin bekannten Wallfahrtsort Maria-Rickenbach mit seinem Kloster. Der Weg ist äusserst abwechslungsreich, mit einigen kräftigen Zwischenanstiegen erfordert er gute Kondition. Belohnt wird man mit grossartigen Blicken in die Seitentäler und Gipfel der Unterwaldner Alpen und stillem Bergglück. Niederrickenbach mit seinem Kloster ist von wilden Bergweiden und Felsen und schönstem Panorama umgeben.

Route: Kloster Engelberg (1000 m ü.M.)–Ristis (1606 m ü.M.)–Rosenbold (1805 m ü.M.)–Oberrickenbach (893 m ü.M.)–Brändlen (1229 m ü.M.)–Mittlist Hütti (1326 m ü.M.)–Niederrickenbach (1160 m ü.M.): 8 Std., 21 km

Auf der Sonnenseite des Lebens

Gästehaus Kloster Bethanien

Bethanien, dieses stille Paradies, liegt in unmittelbarer Nähe zur Ranftschlucht, dem Wirkkreis des Mystikers und Heiligen Bruder Klaus. Ungehindert darf hier der Blick übers weite Sarneraatal schweifen. Um den blau schimmernden Sarnersee legt sich ein bunt coupiertes Landschaftsmosaik mit bewaldeten Hügeln und Dörfern, am Talboden breitet sich Sarnen aus; in der Ferne ragen Pilatus, Mittagsgüpfi, Langis, Glaubenberg wuchtig in den wolkenlosen Himmel. Wie von selbst fällt der Alltag ab, leichter und heller sind die Gedanken hier oben auf 800 Meter Höhe. Dies spürten wohl die Dominikanerinnen von Bethanien, als sie 1972 an diesem kraftvollen Flecken Erde ein Kloster und Gästehaus bauten, nur eine Viertelstunde Fussmarsch von St. Niklausen entfernt. In dem mehrstöckigen Betonkomplex sind seither die Tore weit offen für Gäste. 40 Jahre später, im Jahre 2012, entschieden sich die Schwestern, altersbedingt, die Leitung des Gästehauses der Gemeinschaft Chemin Neuf zu übertragen – eine katholische Gemeinschaft mit ökumenischer Berufung, die ihre Wurzeln einerseits in der ignatianischen Tradition und andererseits in der Erfahrung der charismatischen Erneue-

Gästehaus Kloster Bethanien

Gästehaus Kloster Bethanien 63

Hoch über dem Sarnersee fühlt man sich dem Alltag enthoben

rung hat. Wie sich zeigt, ist dies eine durch und durch geglückte Allianz für beide Gemeinschaften auf ihrem spirituellen Weg. Heute leben unter einem Dach sieben Dominikanerinnen und sieben Mitglieder der Gemeinschaft Chemin Neuf – zölibatäre Brüder und Schwestern und ein Ehepaar. Sie alle lassen sich auf das Abenteuer des Lebens in Gemeinschaft ein, fröhlich, lebensbejahend, gottverbunden, weitherzig. «Ein Gast, der sich hier erholt, zu Frieden kommt, Gott auf irgend eine Weise (wieder) findet, das ist für uns eine Freude! Wir sind hier im Dienst der Kirche und der Welt, ob es durch die Schönheit der Natur, durch die Stille, eine Begegnung oder durch das Gebet geschieht, liegt nicht in unserer Hand. Wir freuen uns, wenn der Gast die Liebe Gottes erfährt», so Anny Lang, Leiterin des Gästehauses Bethanien.

Bethanien, herrlich umgrünt und umwaldet, ist eine Quelle, um aufzutanken und Gott in allen Dingen zu suchen und zu finden. Ein Ort der Stille, der Begegnung und des Innehaltens, wo man entspannte Tage und Wochen im ganz eigenen Rhythmus verbringen kann. Als Gast geniesst man die Freiheit und die vor einem liegende unverplante

Gästehaus Kloster Bethanien

Zeit, gleichzeitig wähnt man sich im Schutz der klösterlichen Gemeinschaft. Auf zu neuen Ufern... Für jene, die sich inspirieren lassen möchten, gibt es ein Kursangebot, etwa Ignatianische Exerzitien, Begegnungstage, Kreativworkshops, Auszeit in der Natur, Meditation, Paarseminare.

Über den Eingangshof, der mit seinen vier Elementen: Innenhof, Brunnen, Garten und Wandelhalle dem Kreuzgang alter Klöster entspricht, gelangt man ins Gästehaus. Räume zum Verweilen gibt es zuhauf, da ist der gemütliche Cheminéeraum oder die Bibliothek mit Traumblick ins Tal. Im Gätterli oder auf der Dachterrasse trifft man sich gerne zum Plausch. Die schlichten Zimmer mit Balkon garantieren himmlische Erholung: Entweder schaut man auf die mächtigen Berge oder auf den glitzernden Sarnersee. Im lichtdurchfluteten Restaurant mit Weitblick sorgt der Küchenchef zuverlässig für Gaumenfreuden.

Architektonisch lehnt sich das Gästehaus an das Urbild Bethanien an, Konventgebäude und Gästetrakt treffen in der Kapelle wie das Rad

Ein starker Blickfang, die Kapelle

Gästehaus Kloster Bethanien

Voller Flair, der Park

einer Mühle aufeinander. Die Kapelle ist das Herzstück des Hauses. Ein starker Blickfang das Dach, das sich wie ein Zelt «bewegt», es symbolisiert das «Zelt Gottes unter den Menschen». Eindrücklich wird die Natur ins Gebäude integriert, allein schon durch die Glasfenster mit hohen Holzelementen wird Natur sicht- und spürbar und wird der Blick nach oben gelenkt. Die Dachwölbung entspricht der Bergwölbung des mächtigen Arvigrates, beim Pult und im Tabernakel tauchen Waldmotive auf. Mehrmals täglich versammeln sich die beiden Gemeinschaften zum Gebet. Jeder ist herzlich willkommen, daran teilzunehmen und in die bewohnte Stille einzutauchen. Ungewöhnlich ist auch das Kreuz: Die Christusfigur stellt einen noch lebenden Jesus dar, der vor seinem Sterben nach oben blickt. Über eine Wendeltreppe gelangt man hinunter zur Krypta,

«Visionen

Im irdischen Leben erkennen Menschen die Wirklichkeit Gottes nur in Umrissen, wie durch einen Schleier. – Sie ‹glauben›.

Nach dem Tod geht das ‹Glauben› in ‹Schauen› über. Der Schleier wird weggezogen. Verstorbene schauen Gott von Angesicht zu Angesicht.

Wenige Menschen ‹schauen› bereits auf Erden. Ihre Erlebnisse werden ‹Visionen› genannt.»

Aus dem Flyer: «Weg der Visionen», Bruder Klaus

Gästehaus Kloster Bethanien

In der Krypta

die eine wunderbare Ruhe verströmt und einen sogleich in Seelentiefe führt. Das Rad in der Decke erinnert an das Meditationsrad von Bruder Klaus.

In der grossflächigen Anlage, von lichten Birken, stolzen Tannen aufgelockert und voller Blütenzauber und Rosenduft, warten so einige lauschige grüne Ecken zum Seele Baumelnlassen, Atemholen, Ankommen. In der Tat sind auf der Sonnenterrasse Bethaniens die Sonnenseiten des Lebens so nah und greifbar. Friedliche Tage ziehen von dannen – vielleicht hat das auch ein bisschen mit dem grossen Friedensstifter Bruder Klaus zu tun ... die Ranftschlucht, diesen grossartigen Pilgerort, sollte man unbedingt aufsuchen.

Infos
Unterkunft: Frauen und Männer wohnen im Gästehaus. 55 EZ/DZ mit Dusche/WC oder Etagendusche/WC
Angebote: Stille, Gebet, Kloster, Gästehaus, Ferien, Kurse und Seminare
Kontakt: Gästehaus Kloster Bethanien, 6066 St. Niklausen,
Tel. +41 (0)41 666 02 00,
info@haus-bethanien.ch,
www.haus-bethanien.ch

Gästehaus Kloster Bethanien

WANDERUNG

Auf dem Weg der Visionen

Wiesen- und Waldwege führen hinab vor erhabener Bergkulisse zum Sarnersee. Voller Inspirationen gehts nach Flüeli, dem Geburtsort von Bruder Klaus, und hinab zu seiner legendären Einsiedelei in der Ranftschlucht.

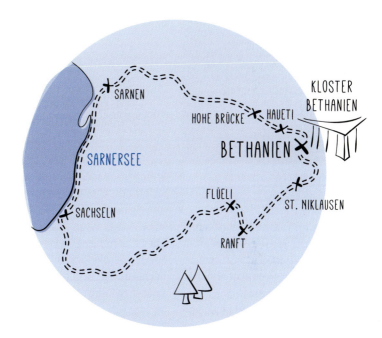

Route: Bethanien (800 m ü.M.)–Haueti (720 m ü.M.)–Hohe Brücke (626 m ü.M.)–Sarnen (471 m ü.M.)–Sachseln (472 m ü.M.)–Flüeli (730 m ü.M.)–Ranft (645 m ü.M.)–St. Niklausen (772 m ü.M.)
Wanderzeit: 3–3,5 Std.
Wegstrecke: 10 km; Wanderung: leicht
Anreise: Mit dem Zug nach Sarnen, weiter mit dem Postauto nach St. Niklausen (alte Post)
Rückreise: Mit dem Postauto ab St. Niklausen

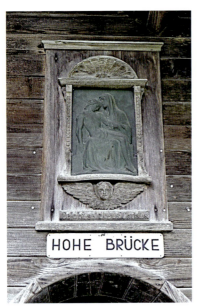

Sie gilt als höchste gedeckte Holzbrücke Europas

Ein schmaler Fussweg führt unterhalb des Gästehauses Bethanien in wenigen Minuten zur Autostrasse, dieser folgen Sie circa acht Minuten abwärts Richtung Kerns.

In Haueti zweigt der Wanderweg links ab, zur Hohen Brücke sind es rund 20 Minuten: Sie steigen den steilen Wiesenhang hinunter, dann gehts locker auf dem von Kastanien, Linden und Obstbäumen gesäumtem Strässlein zu der bekannten Sehenswürdigkeit – immerhin, so steht geschrieben, gilt sie als höchste gedeckte Holzbrücke Europas. 30 Meter knarrendes Holz aus dem Jahre 1943 wird überquert, der schwindelerregende Blick fällt ab zur 100 Meter tiefer liegenden Grossen Melchaa. Nach der Brücke biegen Sie gleich rechts ab, Richtung Sarnen (35 Minuten), es geht durch die Sachsler Allmend, ein reizendes Naturschutzgebiet.

In reicher Abwechslung, durch Wald und Wiesen, am Rande der Melchaaschlucht, führt ein schmaler Pfad hinab; via Hohflue über duftende Erde, Treppenstufen, Wurzelgeflecht, Steinplatten. Zu einer malerisch-besinnlichen Rast lädt die in Stein gehauene, offensichtlich gerne aufgesuchte Lourdesgrotte, die im Schutze eines Buchenwalds liegt. Dort führt der Wanderweg über die Treppen abwärts, in Rüdli halten Sie die Richtung Strandbad/Sachseln. Sie werden über die Fahrstrasse gelotst, zunächst eine Weile an der rauschenden Melchaa entlang, immerzu dem gut markierten Seeweg folgend. Vielleicht mögen Sie am Strandbad einen kurzen Kaffeestopp einlegen, zu schön der Blick auf anmutige Berge und den tiefblauen Sarnersee mit seinen Booten und Badenden, dahinter erhebt sich majestätisch Sarnen. Urlaubsflair pur.

Wellengeplätscher, sanfte Brise und zuhauf Bänklein zum Geniessen bescheren der 25-minütige Uferweg nach Sachseln. Am Sachsler Bahnhof angekommen, kann man sich in die Geschichte des Ortes einlesen ... Erstmals im 11. Jahrhundert wurde Sachseln urkundlich erwähnt, man erfährt, dass unweit von hier, auf der knapp 1700 Meter hohen Älggialp, weit entrückt vom Alltag, der geografische Mittelpunkt der Schweiz ist. Dass der hübsche, blumenreiche Ort ein weithin bekannter Wallfahrtsort ist, ist Niklaus von Flüe (1417–1487) zu verdanken. Der berühmteste Sachsler Bürger lebte in Flüeli zunächst als Bauer, engagierter Politiker, Richter und Offizier; er war verheiratet mit Dorothea Wyss, Vater von fünf Mädchen und fünf Knaben. Aber der Ruf Gottes wurde immer stärker ... Nach harten inneren Kämpfen legte er 1465 alle Ämter nieder, und wie es heisst, im Einverständnis mit Frau und Kindern, verliess er 1467 die Familie, brach auf in die Fremde, sein weiterer Weg war noch unklar. Eine göttliche Vision führte ihn 1467/68 schliesslich zurück in seine Heimat. In der Ranftschlucht liess er sich als Einsiedler nieder, nach einhelliger Überlieferung lebte er ohne Essen und Trinken, nur Gott und den Men-

Tolle Stimmung am Sarnersee

schen hingegeben, er nannte sich fortan «Bruder Klaus». Seine Mitbürger errichteten ihm eine kleine Kapelle und Zelle. In den Jahren 1469 bis 1487 suchten ihn unzählige Menschen aus dem In- und Ausland auf und baten um Rat, seine Zeitgenossen betrachteten ihn als «lebendigen Heiligen».

Auf den Spuren des «unbequemen Heiligen» geht es nun zur Ranftschlucht. Via Bahnhofstrasse erreichen Sie die Dorfstrasse, das stattliche Bürgerhaus Nr. 4 beherbergt das Museum Bruder Klaus. Es bietet

Bekanntes Meditationsbild
von Bruder Klaus

eine erhellende Einführung in das Leben des Schweizer Nationalheiligen, sein Wirken für den Frieden und Einheit ist aktueller denn je. Schräg gegenüber dem Museum thront die frühbarocke Pfarrkirche, wo das Meditationsbild des Bruder Klaus zu bestaunen ist. Das Bild, dem die Struktur des Rades zugrunde liegt, ist ein gossartiges Zeugnis christlich abendländischer Meditationspraxis. Zu sehen ist auch das Grab des Mystikers und Politikers.

Direkt hinter der Kirche startet der «Weg der Visionen», als Bruder-Klausen-Weg Nr. 571 markiert, der zu seiner Wirkstätte in der Tiefe der Melchaaschlucht führt. Bruder Klaus, der nach seinem «Einig Wesen», nach einem Leben «vo innä uisa», aus der Mitte suchte, hatte von klein auf starke visionäre Erlebnisse. Sie waren spirituelle Wegmarken auf seinem Weg, eine der grossen war die Pilgervision, die ihn in seine spirituelle Innenwelt führte. Auf diesem einstündigen Visionsweg begegnen Sie sechs künstlerisch gestalteten Skulpturen, u. a. Rad, Licht, Brunnen, Turm (fünf visionäre Erfahrungen wurden Bruder Klaus geschenkt, eine seiner Ehefrau Dorothea), die Impulse geben und zu Betrachtungen einladen. Der Weg durch romantische Natur verbindet Weitblicke in die Tal- und Bergwelt mit Innenschau. Die Einladung ist, sich den Bildern und Texten zu öffnen, welche angeregt werden durch die inhaltliche Begegnung mit den Visionen des Mystikers. Hoch über dem funkelnden Sarnersee scheint das Glück so nah ... Zum Schluss vagabundieren Sie durch ein Wäldchen.

Mitten im Wald, der Turm. Als 16-Jähriger hatte Niklaus die Vision eines Turmes: Er ist verankert im Boden und weist gleichzeitig zum Himmel – darum sei er von Jugend gewillt gewesen, unten und oben

Der «Weg der Visionen» verbindet Weitblicke mit Innenschau

zu verbinden, ein «Einig Wesen» zu suchen. Wieder im Licht, und Sie sind in Flüeli. 730 Meter hoch gelegen, erstrahlt es auf einer sonnigen Hochebene, die in die steilen Sachsler Berge übergeht. Im Herzen des pittoresken Dorfes steht das Geburtshaus und Wohnhaus des Heiligen, beide sind zu besichtigen; ebenso die Flüeli-Kapelle, auf einem Hügel über dem Dorf thronend. Die Dorfidylle lädt augenblicklich ein zum Geniessen, Einkehren, Flanieren.

Ein schmaler Weg führt dann in zehn Minuten hinunter zur Ranftschlucht. Pilgerlichter leuchten zuhauf, die Stimmung ist feierlich. An die weiss getünchte Obere Ranftkapelle, die Freunde 1468 für Bruder Klaus bauten, ist eine noch weitgehend im Original befindliche Einsiedlerzelle angelehnt, wo man sein Meditationsbild – das Radbild –

Mitten im Wald, der Turm

Ranftschlucht

des Ranfts. Hier ist auch eine wichtige Station des Jakobspilgerwegs. Gerne verweilt man und erspürt die Atmosphäre. In unmittelbarer Nähe befindet sich die spätgotische Untere Ranftkapelle, die aufgrund wachsender Pilgerströme 1501 erbaut wurde. Zweifelsohne ist der enge Talboden mit der rauschenden Melchaa eine starke Gegend. Ein wildromantischer Feldweg führt in 25 Minuten hinauf nach St. Niklausen und zurück nach Bethanien.

auf sich wirken lassen kann. Nach wie vor zieht der aussergewöhnliche Ort der Spiritualität zahlreiche Pilger an, die Kraft schöpfen aus der geistigen und natürlichen Tiefe

Jenseits der Pilgerströme gibt es ein weiteres Kleinod, ganz versteckt hoch oben, die Möslikapelle. Bei der Unteren Ranftkapelle steigen Sie rund 15 Minuten steil und

Flüeli, rechts das Geburtshaus von Bruder Klaus

Gästehaus Kloster Bethanien 73

knackig in die Höhe. Es lohnt sich unbedingt, dort den Zauber der Stille einzufangen. Von der Kapelle vagabundieren Sie über einen Wiesenweg nach St. Niklausen. Oberhalb des Dörfchens befindet sich übrigens eine der ältesten Kirchen Unterwaldens. Die schönen Malereien mit dem Freskenzyklus: Weltgericht, Leben Jesu und Legende des heiligen Nikolaus von Myra waren für Bruder Klaus eine Art «biblisches Bilderbuch» und Inspirationsquelle.

Route: Mit der Seilbahn von Stöckalp bis Melchsee-Frutt (1920 m ü.M.)– Tannensee (1970 m ü.M.)–Tannalp– (1974 m ü.M.)–Distelboden (1900 m ü.M.)–Blausee (1916 m ü.M.)– Melchsee-Frutt: 3–3,5 Std., 10 km

2 Auf dem Bruder-Klausen-Weg zur Ranftschlucht, auch eine Etappe des offiziellen Jakobswegs. Dieser Weg durch die typische Obwalder Landschaft ist 1981 ausgeschildert worden, in Erinnerung an die Vermittlung von Bruder Klaus bei der Tagsatzung von Stans 1481.

Noch mehr Wanderlust?

1 Wenn Sie von St. Niklausen rund zehn Kilometer durchs malerische Melchtal fahren, erreichen Sie die Stöckalp. Mit der Gondel schweben Sie hinauf auf knappe 2000 Meter Höhe nach Melchsee-Frutt. Alpine Weite besticht auf dem autofreien Hochplateau, von imposanter Bergwelt umzingelt: Balmeregghorn, Erzegg, Bonistock, ein wogendes Blumenmeer im Sommer und bilderbuchschöne Wege. Eine leichte Rundwanderung führt durchs verträumte Hochtal, gleich drei Seen werden besucht! Gestärkt von der Kraft der Berge, gondeln Sie wieder ins Tal.

Für die 700-jährige Geschichte der Schweizerischen Eidgenossenschaft ist der Weg von Stans in die Ranft schicksalshaft bedeutsam. Mithilfe des Mystikers gelang eine Sternstunde des Friedens: ein kleiner, freier Staatenbund wurde dauerhaft, trag- und entwicklungsfähig. Es geht durch sattgrüne Matten und Wälder, mit Blick auf glitzernde Seen und immer wieder zum Greifen nah die Berge, allen voran Pilatus und Stanserhorn.

Route: Stans (451 m ü.M.)–St. Antoni (706 m ü.M.)–Kloster Bethanien (800 m ü.M.)–St. Niklausen– (772 m ü.M.)–Ranft (645 m ü.M.)– Flüeli (728 m ü.M.): 4,5–5 Std., 16 km (auch anders herum möglich von Bethanien nach Stans)

Ein Fenster zur Ewigkeit

Zisterzienserabtei Hauterive

Nur sieben Kilometer von der lebhaften Universitätsstadt Freiburg im Üechtland entfernt, tut sich ein ungewöhnliches Tor auf, in eine andere Welt, in eine allumfassende Stille. In den Flussschlaufen der Saane, im Schutze von Wald und mächtigen, bis zu 100 Meter hohen Sandsteinfelsen, bettet sich die Zisterzienserabtei Hauterive anmutig in die abgeschiedene Landschaft. Ein Kloster wie aus dem Bilderbuche: fernab des Trubels, in sich gekehrt und doch merkwürdig anziehend, von seltener Schönheit. Der Adlige Freiherr Wilhelm von Glâne stiftete 1138 die Abtei und stattete sie grosszügig mit Grundbesitz aus, für das monastische Leben holte er Mönche aus Cherlieu (Haute-Saône). 1185 wurde das Tochterkloster Kappel am Albis (Kanton Zürich) gegründet (Aufhebung 1527 im Zuge der Reformation). Aufgrund politischer und religiöser Ereignisse erlebte Hauterive Zeiten der Blüte, aber auch des Niedergangs, schliesslich wurde die Abtei 1848 anlässlich des Sonderbundes aufgehoben. Es käme einer Sünde gleich, diesen Ort zu sehr zu verweltlichen. 91 Jahre später, also 1939, liessen sich dann glücklicherweise an diesem privilegierten Platz wieder Zisterziensermönche nieder, diesmal aus Österreich, aus

Zisterzienserabtei Hauterive

Vor den Toren der Abtei Hauterive

der Abtei Wettingen-Mehrerau. Seither ist wieder eine lebendige Gemeinschaft gewachsen ... heute sind es zwanzig Mönche, ausgerichtet nach dem Geist der Regel des heiligen Benedikt und des heiligen Bernhard von Clairvaux. Ganz dem Charakteristikum der Zisterzienser, ohne viel sakrale Theatralik und Beiwerk, entsprechen die Bauten: ein klar umrissenes Areal, eine eigene Welt. Pomp und unnötiger Luxus widerstrebte dem Zisterzienserorden, der 1098 in einer unwirtlichen Einsamkeit im Burgund, genauer: Cîteaux (wovon sich der Ordensname ableitet) gegründet wurde, als Reformbewegung der Benediktiner – einer Rückbesinnung der Observanz der Regel des heiligen Benedikt – hin zu mehr Einfachheit und Konzentration aufs Wesentliche. Das schlichte schmucklose Äussere der romanischen Klosterkirche aus der Gründerzeit (1150–1160) ist ein Prachtexemplar zisterziensischen Stils; der Innenraum mit seinem prächtigen Chorgestühl aus feinstem Masswerk, wunderbaren Wandmalereien und Glasfenstern zeugt von gotischen Stilelementen. Mächtig erstrahlen die barocken Konventgebäude, umsäumt von geometrischem Gartenparterre, drum herum nichts als Natur. Hinter den von kontemplativem Schweigen durchtränkten Mauern leben die Mönche in brüderlicher Gemeinschaft, im Rhythmus von Arbeit und der Inständigkeit des Gebets beseelt. Unerschütterlich. Genährt von der Liturgie und religiösen Texten – und immer wieder wird der gemeinsame kreative,

Blick in den geheimnisvollen Kreuzgang

auch kritische Dialog angestossen. «Die Mönche unseres Ordens müssen von ihrer Hände Arbeit, Ackerbau und Viehzucht leben» – so steht es im ältesten Ordensstatut der Zisterzienser. Und so ist es bis heute geblieben: Vielseitig begabt sind sie, die Mönche, und auch vertraut mit ganz erdverbundenen Tätigkeiten. Sie betreuen die Landwirtschaft (Gemüse, Obst und Viehzucht) und den wohlduftenden Kräutergarten (für Tees, Salben und Öle), sie schneidern im Nähatelier Kleider für die Mitbrüder, backen selbst Brot und Biskuits und stellen auch Konfitüre her. Überfliessende Kreativität dann im Atelier, wo Holzskulpturen, Ikonen, Aquarelle wundersame Formen annehmen, sozusagen Vergeistigung der Materie. Im Klosterladen, unten im schönen Kellergewölbe, reihen sich die hochwertigen Produkte zum Verkauf aneinander. Nur wer an einer Klosterführung teilnimmt, wird zu einem weiteren Geheimnis geführt: dem Kreuzgang, der mit seinen Licht- und Schattenspielen, die durch die Rund- und Spitzbögen und die mit Sternen geschmückten Gewölbe tanzen, einen augenblicklich in staunende Stille und Ehrfurcht versetzen. Ein Quadrat des Wandelns, der Wandlung seit nahezu 900 Jahren. Man sagt, der Kreuzgang symbolisiere das verlorene Paradies ...

Hier am beschaulichen Ufer – Hauterive heisst «Hohes Ufer» –, von Obstplantagen und Wiesen satt umgrünt und umwuchert, hat Gastfreundschaft grosse Bedeutung. Gäste, die in diese Stille einkehren wollen, sind aufs Herzlichste willkommen (max. 15 Tage im Jahr sind möglich). Und es klopfen immer mehr an in der Abtei ... um Momente des Alleinseins, aber auch der Gemeinschaft zu erfahren, ganz nah an den Wassern des Lebens, an der Quelle. Zumal das Kloster direkt am Jakobsweg liegt, sind auch Pilger häufig anzutreffen. Über eine

Zisterzienserabtei Hauterive

schwere Eichentür gelangt man ins Gästehaus und hinauf gehts die Ehrentreppe mit dem prachtvollen schmiedeeisernen Geländer. Man wandelt durch ewig lange breite Flure, hier und da ausgewählte Gemälde aus einem Mönchspinsel, links und rechts biegt man ab in verschiedenste Zimmerwelten. Da ist die unvergesslich gemütliche Bibliothek mit Sofa und einem beachtlichen Bücherschatz oder die lichte Gästekapelle zum Nachdenken, Meditieren, Sein. Oder der helle Gesprächsraum oder die schlichten Gästezimmer. Ein Bett, ein Tisch, ein Stuhl, das reicht. Fürs leibliche Wohl sorgt die Klosterküche, angelehnt an die klösterliche Tradition werden die Mahlzeiten im Schweigen zu sich genommen, während aus dem Lautsprecher religiöse Texte ertönen – denen übrigens auch die Mönche im Refektorium lauschen. Mit dem letzten Bissen weicht dann bald die Stille einem lebendigen Murmeln, kommunikativ gehts dann beim gemeinsamen Abwasch zu, Kontakte ergeben sich wie von selbst, wenn man möchte. Frei sind die vor einem liegenden Tage, die stimmig zu füllen ist das Schönste überhaupt, Luxus und Freude zugleich. Wo auch immer, wie auch immer. Bei Bedarf nimmt ein Pater sich Zeit für ein seelsorgerisches Gespräch, verfügt er doch über die seltene Gabe, zuzuhören, und kann Impulse geben. Punktgenau rufen Glocken mehrmals täglich zum Gotteslob, um 4.15 Uhr zu den Vigilien, 6.30 Uhr: Laudes – es wird erwartet, dass Gäste wenigstens zweimal pro Tag mit dabei sind, ist doch das Chorgebet Herzstück des Klosterlebens überhaupt. Tag für Tag singen die Mönche die Psalmen, in Treue zum Weg, mit dem Salve Regina wird allabendlich kurz vor acht der Ausklang des Tages feierlichst zelebriert. Durch die finstere Kirche hallt inniger Gesang, im Kerzenschein flackern die weissen Mönchskutten, ergriffen der ganze

Es geht die Ehrentreppe hinauf

Zisterzienserabtei Hauterive

«Hauterive heisst ‹Hohes Ufer›,
heisst, am Ufer gibt es einen Ort der Suche nach dem Leben,
nach dem, der allein Leben in Fülle geben kann (…)
heisst, am Ufer gibt es Tiefen und Abgründe,
die wir anschauen müssen (…)
heisst, hier am Ufer kannst du ankommen und Ruhe finden (…)
heisst, am Ufer gibt es Wasser, das dich nährt und erfrischt (…)
heisst, am hohen Ufer erwartet dich die grosse Weite
der göttlichen Liebe. Oder wie Novalis es sagt: Wohin gehen wir?
Immer nach Hause …»

Pater Jean-Marie Lussi, Abtei Hauterive (aus: Leben im Kloster Hauterive)

Raum, poetisch, mystisch, eine andere Dimension als die des Alltäglichen flammt auf – dann Stille. Schweigen, die ganze Nacht.

Hauterive ist voller Geheimnisse, seit Jahrhunderten durchbetet und in eine grosse Stille gehüllt. Die reine Kraft der Einfachheit. Eine unergründliche Klarheit und Konzentration auf eine klare Mitte, auf Gott, bilden den stabilen Boden, auf dem man sich bewegt. Von hier geht eine tiefe spirituelle Kraft aus, eine grosse Innerlichkeit, nahe am Wesentlichen. Für den Gastbruder Thomas-Maria ist es «das Schönste und Schwierigste zugleich, mit sich selbst konfrontiert zu sein». Ja, die Mönche kennen beides: die Freude, den Jubel, aber auch die Anstrengung, das Ringen. Überhaupt geht von den Mönchen eine erfrischende Offenheit aus, humorvoll, herzlich und auf natürliche Weise kommen Gespräche in Gang, tiefgründige, leichte, lockere. Wie es sich eben ergibt. Irgendwann heisst es aufbrechen, gestärkt zieht man von dannen und zurück in den Alltag, irgendwie verwandelt, aufgetankt, geistig genährt und bewegt, wieder im Fluss mit dem Leben. Die Mönche bleiben, sie halten das Fenster, durch das der unendliche Himmel und Licht einfallen, weiterhin offen.

Infos
Unterkunft: Frauen und Männer wohnen im Gästetrakt. 30 EZ/DZ mit Dusche/WC auf der Etage
Angebote: Begegnung mit einem Mönch, Empfang des Buss-Sakramentes Mitarbeit im Kloster
Kontakt: Abtei Hauterive, Chemin de l'Abbaye 19, 1725 Posieux,
Tel. +41 (0)26 409 71 00,
www.abbaye-hauterive.ch

Zisterzienserabtei Hauterive

WANDERUNG

Tiefe Stille an den Gestaden der Saane

Die Rundwanderung führt in das vielfältige Reich
der Saane, durch Wäldchen und Grünstreifen,
von hohen Felsen begleitet.

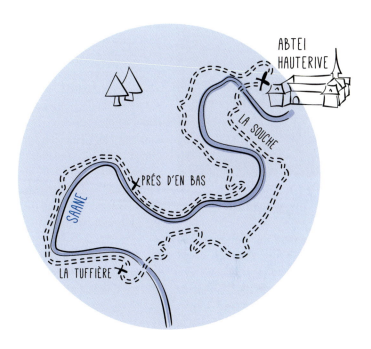

Route: Abtei Hauterive (558 m ü.M.)–Prés d'en Bas (587 m ü.M.)–
La Tuffière (617 m ü.M.)–Waldreservat La Souche (600 m ü.M.)–Abtei Hauterive
Wanderzeit: 2 Std. 15 Min.
Wegstrecke: 7 km; Wanderung: leicht
Anreise: Mit dem Bus Linie 336 von Freiburg (Richtung Bulle, via Le Bry)
nach Grangeneuve-Institut agricole. Von da 10 Min. Fussmarsch nach Hauterive
Rückreise: Mit dem Bus ab Grangeneuve

Im Herbst leuchtet
der Buchenwald golden

Über das grosse Tor verlassen Sie die Klosteranlage. Vor dem Gästehaus, bei den vielen Wegweisern, gehts rechts, fortan dem Circuit de Hauterive (2 Std. 15 Min.) folgen. Der verträumte Rundweg wird also gegen den Uhrzeigersinn begangen (bei Hochwasser bitte die markierte Alternativroute wählen). Ein Strässlein windet sich abrupt in die Höhe, gleich nimmt Sie ein Wald mit hohen Buchen und Tannen auf.

Sanft gehts auf und ab, manchmal ganz nah am «Abgrund», Licht fällt durch die Wipfel und wirft tanzende Schatten auf den breiten Weg. Wie wohltuend, die Stille und frische Waldesluft einzuatmen. Tief unten schlängelt sich die smaragdgrüne Saane mit ihren grossen Kiesbänken durch den Talboden. Mit einer Länge von 126 Kilometern ist sie keiner der ganz grossen Flüsse der Schweiz, aber umso grossartiger sind Vielfalt, Erlebnispotenzial und die malerischen Kurven des Flusses. Man könnte ihn fast als «Röstigraben» zwischen Deutschschweiz und Romandie betrachten. Mitten auf einer Alpwiese, am Sanetschhorn oberhalb von Gsteig/BE sprudelt das Saane-Wasser aus dem Boden und nimmt seinen Lauf vorbei an Gstaad, durchs Pays d'Enhaut, Freiburg und mündet bei Bern in die Aare.

Sie orientieren sich immer an der gelben Raute, bei der Abzweigung Richtung Prés d'en Bas links gehen. Achtung, bald den schmalen Pfad rechts runter zum Fluss nicht verpassen (beim Schild Hochwasser/gelbe Raute am Baum). Dann führen Treppenstufen abwärts, schon bald sind Sie in Tuchfühlung mit dem Wasser und eine Weile von Wellengeplätscher begleitet. Zweifelsohne ist dies das Reich der Saane, die hier kreativ gestaltet, Kiesbänke hin- und herschiebt, mit-

Am Uferweg

unter fliesst sie mächtig über ... Ein wildromantischer Pfad über Wurzeln und Steine windet sich an Felsgalerien vorbei; geradezu spektakulär ist der Part unter einer überhängenden Sandsteinfluh direkt am Ufer.

Wolkentanz und das Astwerk filigraner Bäume tauchen als verwunschene Spiegelwelten im Wasser auf. Zuhauf laden Plätze ein zum Verweilen, das Farbenspiel der Jahreszeiten ist prachtvoll. Im Frühling strotzt die üppig wuchernde Vegetation mit Grünkraft, im Sommer geniesst man die goldene Wärme, vielleicht auch ein Bad. Der Herbst, der bunt in den Farbtopf greift, lässt alles in Rot-Orange-Gelb leuchten. Schliesslich erreichen Sie über einen Feldweg Prés d'en Bas. Die nächste gute halbe Stunde nach La Tuffière ist ein Gang durch einen romantischen Flickenteppich. Kleine Wäldchen und lichte Flächen wechseln sich ab mit mächtigen Felsblöcken und schroffen Flühen. Inmitten der Naturinszenierungen stellt sich Zeitlosigkeit wie von selbst ein.

Da und dort die Gestade und anderswo steil aufragende Felswände, vom Grün der Weiden und Bäume übertüncht. In La Tuffière queren Sie die Brücke, riesige Sandsteinfelsen erheben sich, gewaltig präsentieren sich hier die hohen Ufer.

Häuser von La Tuffière

Zisterzienserabtei Hauterive

Farbenspiele am Wasser

Die nächste Stunde folgen Sie dem Zickzack und «kreuz und quer» der gelben Raute. Schmale und breitere Naturpfade leiten durchs lichtdurchflutete Waldreservat La Souche. Es ist ein lockeres Abwärtsschwingen, ganz stille ist es, mitunter meditativ, ab und zu hallt Vogelgezwitscher durch die Tannen; zum Finale ist der Weg nochmal ausgehöhlt. Wieder draussen im Licht, überrascht der herrliche Weitblick über die Wald- und Wiesenlandschaft und hinunter zur Abtei, die jetzt in voller Grösse erstrahlt. Ein starker Ort, hier am Waldesrand, wo man gerne innehält und geniesst. Nur noch ein paar Schritte, und Sie sind wieder in Hauterive. Oder vielleicht mögen Sie an der breiten Saaneschlaufe kurz hinabsteigen und eintauchen ins kühle Nass – im Sommer räkeln sich auf den Kiesbänken gerne Badende.

Hauterive von oben

Zisterzienserabtei Hauterive

Noch mehr Wanderlust?

Herrlich abwechslungsreich ist die 28 Kilometer lange Etappe des Jakobswegs von Freiburg nach Romont: durch die sanft gewellte Hügellandschaft, blumengeschmückte Dörfer, auch entlang der Glane. Ein Kleinod am Weg: das Zisterzienserkloster Fille-Dieu (der Weg ist bestens beschildert und lässt sich problemlos abkürzen, www.jakobsweg.ch). Die 1157 von Zähringer Herzögen gegründete Stadt Freiburg, die sich charmant in die Mäander der Saane bettet, sollte man vor der Wanderung unbedingt durchstreifen. Auf einem Felssporn erhebt sich majestätisch die Altstadt mit über 200 gotischen Fassaden, Figurenbrunnen, schmalen Gassen.

Eine grüne Oase der Stille und Einkehr, ein kleines Paradies in Freiburg, ist die Zisterzienserinnenabtei Maigrauge. In der wilden Schlucht an der Saane liessen sich Mitte des 13. Jahrhunderts Frauen nieder. Heute gibt es in der mittelalterlichen Anlage eine Herberge mit zehn Gästezimmern. Infos: Abbaye de la Maigrauge, Chemin de l'Abbaye 2, 1700 Fribourg.

Die Saaneschlaufe lockt zu einem Bad

Miteinander auf dem Weg

Weggemeinschaft Kloster Ingenbohl

Inmitten der Heimat von Willhelm Tell ist es einfach himmlisch schön. Verträumt schmiegt sich Brunnen an den blau glitzernden Vierwaldstättersee mit seinen vielen Armen und bietet ein Feuerwerk an Aussicht, unverkennbar der Urmiberg, der Stoos-Fronalpstock und die beiden Mythen. In und um Brunnen locken ausgeschilderte Kulturwege, einer lotst durchs schmuck herausgeputzte Dorf zu den herrlichen Gebäuden und Kulturgütern, zum Beispiel das Weisse Rössl, wo König Ludwig der II. von Bayern 1865 logierte, oder die kleine versteckte 14-Nothelfer-Kapelle in der alten Gass sowie die typischen Schwyzer Holzhäuser mit den steil geneigten Klebedächern. Prunkvolle Belle-Époque-Hotels erheben sich an den Gestaden des Sees, die Gästeliste in Brunnen zeugt von illustren Persönlichkeiten aus aller Welt: Königin Victoria von England, Winston

Kloster Ingenbohl

Wahrzeichen von Schwyz, die beiden Mythen

Churchill (Hochzeitsreise), der Komponist Richard Wagner, Goethe, Spitteler. Das Ferienparadies im Herzen der Schweiz, von märchenhafter Bergkulisse umzingelt, bezirzt mit zahlreichen Ausflügen: Aufs Rütli, nach Schwyz, Zug oder hinauf zur Rigi, der Königin der Berge, wo man mit der himmelblauen Rigibahn auf 1800 Meter Höhe kurvt und ein umwerfendes 360-Grad-Panorama geniesst. Seit Langem schon thront hoch über Brunnen ein starkes Kloster mit starken Frauen. Ein schmaler Fussweg führt vom Bahnhof in einer Viertelstunde hinauf zum sonnendurchfluteten Klosterhügel. Rund 200 Ingenbohler Schwestern haben ihr Zuhause gefunden in der grossflächigen Klosteranlage, dem Mutterhaus der insgesamt 3200 «Barmherzigen Schwestern vom Heiligen Kreuz» – in 17 Ländern verstreut, den Idealen des heiligen Franziskus von Assisi folgend. An diesem aussichtsreichen Hang gründeten 1856 Pater Theodosius Florentini und Mutter Maria Theresia Scherer das Kloster, dem Auftrag verpflichtet, sich in den Bereichen Sozial- und Gesundheitswesen, Bildung, Seelsorge und Verkündigung zu engagieren und insbesondere für Benachteiligte da zu sein.

Kloster Ingenbohl

Logenplatz auf der Sonnenbank

Wenn man zum Kloster hochspaziert, steht da zuerst linkerhand das Haus Maria Theresia, das jahraus, jahrein vorbeiziehende Jakobspilger beherbergt – immerhin führt der Jakobsweg an der Haustüre vorbei, etwa von Einsiedeln kommend, über Schwyz und weiter zum Genfersee. Völlig entspannte Ferien im Kloster, alleine, mit Familie, mit oder ohne Sinnfragen im Gepäck oder einfach nur in Auszeitstimmung und Wanderlaune – die Herberge Maria Theresia öffnet hierfür grosszügig ihre Tore, alles Notwendige für eine Selbstversorgung ist vorhanden. Und an der nächsten Ecke befindet sich das klostereigene Hügelcafé, wo kleine Mahlzeiten und süsse Verführungen angeboten werden in gemütlicher Atmosphäre.

Wer tiefer, persönlicher, verbindlicher mit dem klösterlichen Leben der Ingenbohler Schwestern in Berührung kommen oder für sich neue Perspektiven gewinnen möchte, entdeckt in der «Weggemeinschaft» eine Oase der Ruhe. Der Name bringt den Wunsch nach einer gemeinsamen Wegsuche zum Ausdruck. Ganz zuoberst am Hügel, an dem Alters- und Pflegeheim der betagten Schwestern vorbei, im Kraftkegel des Waldes, erhebt sich das älteste Klostergebäude, das Theresianum.

Vier Schwestern leben hier in vertrauter, kleiner Gemeinschaft innerhalb der Gesamtgemeinschaft. Die Einladung für weibliche Gäste ist es, gemeinsam ein Stück des Weges zu gehen, im franziskanischen Geiste die Glaubens-, Lebens- und Arbeitsgemeinschaft zu teilen. In dem Haus stehen sechs schlichte wohlige Einzelzimmer zur Verfügung, man zieht ein – und ist gleich für kurze oder längere Zeit WG-Mitglied. Völlig entspannt, locker und herzlich ist die Atmosphäre, von weiblicher Wärme und Fürsorge getragen. Innehalten und Aufatmen, Auftanken für Leib und Seele, Stille, spirituelle Vertiefung, Neuausrichtung – dazu bietet die Weggemeinschaft einen freien Rahmen.

Die Schwestern sind ökumenisch offen. Dabei hat Kommunikation einen hohen Stellenwert, echtes Interesse und Freude an Begegnung zeichnen die vier Frauen aus. Gerade am Esstisch, bei Gaumenfreuden und Klostertee aus dem eigenen Garten, entstehen die nährenden Gespräche mit Tiefgang. Damit der Aufenthalt für alle stimmig verläuft, werden zu Beginn in einem persönlichen Gespräch Absprachen getroffen über Erwartungen, Aufenthaltsdauer usw. Jede Frau entscheidet selbst, an welchen Angeboten sie teilnehmen will, je nach persönlichen Bedürfnissen und Vorlieben. Die Struktur ist offen. Jederzeit möglich ist die Teilnahme an Liturgie und Gebet, gemeinsamen Meditationen oder kreativem Gestalten beispielsweise mit Ton oder Farben.

Überdies werden Kontemplation, Leibarbeit, Stimme als Ausdrucksmittel geübt. Einfach Dasein, mit allem, was zum Leben gehört, ist die Einladung. Goethes «Hier bin ich Mensch, hier darf ich sein» klingt in der Weggemeinschaft an. Ein ausdrückliches Angebot ist das begleitende geistliche Gespräch, das einen konzentrierten Blick auf die Lebenssituation wirft, die vielleicht nach Veränderung ruft, nach Klarheit, um wieder neue Kräfte zu schöpfen. Die Begleiterin, ausgebildete Logotherapeutin nach Viktor Frankl – eine sinnzentrierte Psychotherapie –, hat ein gutes Gespür für existenzielle Fragen und schärft die Wahrnehmung für das, was jetzt we-

«Das Gramm Gold entdecken,
das in jedem Menschen verborgen ist.»

Mutter Maria Theresia Scherer

Kloster Ingenbohl

Ein besonderer Ort,
die Lourdesgrotte

sentlich ist. Das Angebot ist eine Auszeit auf spirituellem Hintergrund. Es geht um das «Bei-mir-selber-Sein», um Stille, um Wahrnehmen der Natur, um Gesprächsbegleitung und Gebet. Rausgehen, den Kopf lüften, der Seele Flügel verleihen... Auf dem Klosterhügel, wo der Blick ungehindert auf das Wahrzeichen von Schwyz, die beiden Mythen, fällt, gibt es zuhauf Plätze für Musestunden. Da ist der kleine Park mit uraltem Baumbestand wie Linden, Eichen, Ahorn, Kastanien, üppigen Farnen und Grünflächen, der Bewegungsraum bietet. Mittendrin leuchtend gelbe Bänke, die einen Logenplatz hoch über dem See versprechen. In wenigen Schritten erreicht man die Grotte, wie zauberhaft, die Stille und Grünkraft, als befinde man sich in einem Naturdom. Und geht man weiter, steht man mitten im Ingenbohler Wald: nichts als Vogelgezwitscher, duftende Erde, frische Luft. Stille findet man auch ein paar Häuser weiter unten in der Klosterkirche. Sie zeugt, in franziskanisch schlichter Struktur gehalten, von starker Ausstrahlung. Der Lichtkegel auf den Altarbereich und in das Rund des Tabernakelraumes zieht sogleich Aufmerksamkeit auf sich.

Die Anordnung der rund 440 Plätze ermöglicht eine hohe Konzentration auf die Mitte des liturgischen Geschehens, die Verkündigung des Wortes Gottes. Mehrmals täglich erscheinen die Schwestern zum gemeinsamen Gebet bzw. Gottesdienst. Die grossräumige Weite in der Kirche lässt auch die Herzen weit werden. Ein besonderer Ort der Kraft ist die Krypta. Das tiefe Blau und die Kreisformen der Holzdecke,

Kloster Ingenbohl

auf das Transzendente hinweisend, symbolisieren den Himmel. Das heruntergezogene Blau an der seitlichen Wand deutet an, dass der Himmel bereits in die Erde ragt. Das Grab der Ordensgründerin Mutter Maria Theresia (1825–1888), 1995 seliggesprochen in Rom, lädt zum stillen Verweilen und Beten ein; es ist ein starker Anziehungspunkt vieler Menschen, die Trost, Ermutigung und Heilung suchen, die danken und Gott loben und gestärkt nach Hause gehen.

Gemeinsam Wege gehen, Wege loslassen, Wege finden – dies ist das Angebot der vier liebenswürdigen, tief im Glauben verwurzelten Ingenbohler Schwestern.

Infos

Unterkunft: «Weggemeinschaft»: nur für Frauen, 6 EZ mit Dusche/WC auf der Etage. «Haus Maria Theresia»: Frauen, Männer, Familien können hier als Selbstversorger Ferien verbringen (1 Zimmer mit 2 Betten und fliessend Wasser. 1 Zimmer mit 5 Betten und fliessend Wasser. Allgemeine Räume: Küche, Speisesaal, Aufenthaltsraum, kleiner Gebetsraum)

Angebote Weggemeinschaft: Üben von Kontemplation, Leibarbeit, Stimme als Ausdrucksmittel, Teilnahme an der Liturgie, Kennenlernen der Lebensform, Einzelgespräch, kreatives Gestalten, Klosterführung

Kontakt: Kloster Ingenbohl, Klosterstr. 10, 6440 Brunnen, Tel. +41 (0) 825 20 00, weggemeinschaft@kloster-ingenbohl.ch, haus.maria-theresia@kloster-ingenbohl.ch, www.kloster-ingenbohl

Das Innere Klosterkirche

90 Kloster Ingenbohl

WANDERUNG

Panoramaweg hoch über dem Vierwaldstättersee

Eine glückverheissende Tour, durch Wald und weite Wiesen, im Banne von Fronalpstock und anderen Bergriesen, von unten glitzert der vielarmige See. Es geht nach Morschach und hinab nach Brunnen.

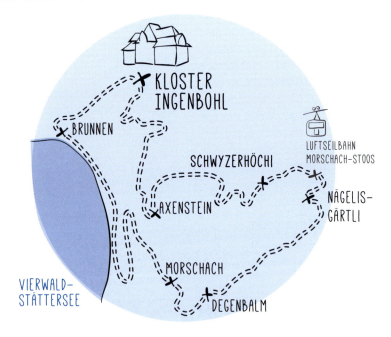

Route: Kloster Ingenbohl (435 m ü.M.)–Ingenbohler Wald (600 m ü.M.)–Axenstein (700 m ü.M.)–Schwyzerhöchi (750 m ü.M.)–Nägelisgärtli (775 m ü.M.)–Degenbalm (690 m ü.M.)–Morschach (650 m ü.M.)–Brunnen (435 m ü.M.)–Ingenbohl
Wanderzeit: 3 Std.
Wegstrecke: 13 km; Wanderung: leicht
Anreise: Mit dem Zug nach Brunnen
Rückreise: Mit dem Zug ab Brunnen

Am Theresianum nehmen Sie das Strässlein, das sich rechts elegant in die Höhe schlängelt und an den Sportanlagen vorbei; ca. 100 Meter nach dem Schwesternfriedhof, bei dem Heustadel und der gelben Bank, gehts rechts auf den Feldweg (keine Markierung) und in den Wald hinein. Ausgesprochen reizend ist der breite Weg durch den Ingenbohler Wald, stets in Kehren sanft hinauf. Es hat alte, mächtige Bäume und Wurzelstöcke, leuchtendgrüne Farne, manchmal huschen Eichhörnchen vorbei. Die Frische ist wohltuend, mitunter hat man das Gefühl, durch eine Baumkathedrale zu gehen, Licht schimmert durchs Blattwerk. Eine Reihe graniter Findlinge liegen herum, die vor ca. 20000 Jahren der Reussgletscher vom Gotthard wild verstreut hat. Ein Lichtlein leuchtet am Mari-

Ingenbohler Wald

Ausblick von Axenstein

enschrein, Treppenstufen führen noch oben – und hinaus ins Offene.

Die Aussichtsterrasse Axenstein ist grandios: Unten glitzert der Vierwaldstättersee und dessen östlicher Arm, der Urnersee. Segler und Surfer vergnügen sich auf dem fjordartigen Urnerseezipfel, der Blick schweift über Brunnen, Wilen, Seelisberg, Rütli, dahinter wie auf einer Perlenkette aneinandergereiht die wild gezackten Bergriesen: Hochflue, Bürglistock, Pilatus, Buochserhorn, Brunnistock, Gietschen ...

Hier haben Sie die Wahl: In einer Viertelstunde gehts auf dem «Weg der Schweiz» hinunter nach Morschach, entlang der alten Trassee der Elektrischen Zahnradbahn, die einst adlige Gäste von Brunnen zu den Morscher Grandhotels brachte. Oder Sie nehmen den empfehlenswerten Panoramaweg unter die Füsse, Richtung Schwyzerhöchi (30 Min.). Am zehntausendjährigen Gletschergärtli mit den zerklüfteten Felsen, wo fantastische Naturgeschichte aufflammt, gehts vorbei. Vielleicht mögen Sie aber auch erst Gaumenfreuden im Golfrestaurant geniessen – auf der Sonnenterrasse mit Prachtkulisse. Sicher ist auch ein Abstecher zum Druidenstein interessant, ein riesiger sagenumwobener Findling, der majestätisch auf einem kleineren Granitblock steht. Via Bergi treffen Sie in Schwyzerhöchi ein, mit nach wie vor Traumpanorama, und zum Ferienhof Rüti. Frei darf der Blick in den Talkessel Schwyz schweifen, im Hintergrund der sattgrünen Wiesen die schroffen Mythen. Leicht beschwingt wandern Sie dann an der Luftseilbahn Morschach-Stoos vorbei und in nur wenigen Minuten zum Restaurant Nägelisgärtli – ein heimeliges Fyrabigbeizli, wo man mit Lust und Laune zum Beispiel hausge-

Im Zentrum von Morschach

Der Vierwaldstättersee

räucherte Trockenfleisch-Spezialitäten geniessen kann. Nach etwa anderthalb Kilometern, auf schmalem Pfad entlang des Waldrandes, laufen Sie in Degenbalm ein, über das steile Degenbalmsträsschen erreichen Sie direkt Morschach. Aber schöner ist es, einen kleinen Umweg über die Lourdesgrotte zu nehmen, die bezaubernd am Waldrand zum Verweilen und Staunen einlädt.

Das kleine Dorf Morschach, am Fusse des gewaltigen Fronalpstocks gelegen, auf einer Sonnenterrasse hoch über dem Urnersee, hat ein offenes Herz für Wandergäste. Unzählige Wegweiser führen in alle Himmelsrichtungen. Zum Beispiel der geschichtsträchtige «Weg der Schweiz», ein Geschenk zur 700-Jahr-Feier

Ein schmaler Pfad führt nach Brunnen

Kloster Ingenbohl

Voller Flair, die Seepromenade

zum Gedenken an die Gründung der 1991 Eidgenossenschaft: 42 Kilometer lang, vom Rütli rund um den Urnersee nach Brunnen. Am Dorfplatz, beim Restaurant Hirschen, folgen Sie der gelben Raute ortsauswärts, in einer knappen Stunde sind Sie in Brunnen. Beim Flanieren durch Morschach führt bald ein Weg links zum selten schön gelegenen Mattli Antoniushaus, ein Seminarhaus, auch mit Restaurant, toll für eine Einkehr. Der Abstieg nach Brunnen ist zum Abheben. Zwar führen die ersten zehn Minuten entlang der Strasse, aber dann taucht man ein in das verzauberte Spiel von lockerem Abwärtsschwingen durchs Wäldchen, funkelndem Vierwaldstättersee und bester Bergschau. Unten am türkisfarbenen Wasser angelangt, steht man plötzlich auf einer samtgrünen

Kloster Ingenbohl

Noch mehr Wanderlust?

Herrliche Gratwanderung vom Klingenstock zum Fronalpstock: Von Morschach-Stoos schweben Sie mit der kleinen Luftseilbahn ins autofreie Stoos, von dort gehts mit der Sesselbahn hinauf zum Klingenstockgipfel. Der Gratweg macht seinem Namen alle Ehre. Ein Feuerwerk an Aussicht auf die Zentralschweizer Alpenwelt, u. a. mit Rigi, Pilatus, Mythen, in der Tiefe der Vierwaldstättersee, mit schönster Alpenflora. Wow, welch Genuss! Aufgepasst, der Weg erfordert Trittsicherheit und Schwindelfreiheit.

Matte: ein reizender Bade- und Brätli- und Ausruhplatz unter zarten Buchen. Auf platanengesäumter Seepromenade flanieren Sie nach Brunnen, südliches Flair liegt in der Luft, Cafés und Restaurants gibt es zuhauf, in denen frische Fischküche lockt. Am Hafen laufen Schiffe ein und aus, nach Vitznau, Weggis, Luzern. Hinauf zum Kloster sind es vom See noch 20 Minuten.

Route: Klingenstock (1935 m ü.M.)–Rot Turm (1860 m ü.M.)–Huser Stock (1900 m ü.M.)–Furggeli (1732 m ü.M.)–Fronalpstock (1921 m ü.M.):
2 Std. 15 Min., 5 km

Beflügelt unterwegs

Zisterzienserinnenabtei Mariazell Wurmsbach

Allerlei Überraschendes begegnet einem auf dem Weg zum Kloster Mariazell Wurmsbach. Nach dem kleinen Bahnübergang kommen einem Esel entgegen, im Gras picken Hühner und Enten, weiter hinten weiden Schafe und Ziegen. Es duftet nach Rosen und frischem Heu. Am grossen Bauernhaus, das vom Kloster verpachtet wird, gehts vorbei, unverhofft erhebt sich dahinter die Abtei mit dem Zwiebelturm vor sagenhafter Kulisse. Die Wellen des Oberen Zürichsees schwappen an den Klostergarten, liebliche Hügelketten und Bergkämme ragen in der Ferne gen Himmel. Aus reiner Dankbarkeit entstand an diesem reichen Flecken Erde die Klosteranlage. Ausgerechnet ein fürchterliches Gewitter rettete dem Grafen Rudolf aus Rapperswil einst das Leben im Kampf mit einem Wolf. Das wilde Tier ergriff blitzschnell die Flucht, als ein Blitz in den Baum schlug und den Adligen zu Boden schleu-

Kloster Wurmsbach aus der Vogelperspektive

Zisterzienserinnenabtei Mariazell Wurmsbach

derte. Als die dunkle Nacht einbrach und aus den Wäldern das Geheul der Wölfe ertönte, sprach der geschwächte Graf inniglich ein Gebet und gelobte, ein Kloster zu errichten, sollte er überleben. Da, wie ein Wunder, hörte er das Murmeln des Wassers und folgte dem Geplätscher eine Weile – und gelangte schliesslich an die Seebucht. Freundliche Menschen empfingen ihn in Wurmsbach, im Jahre 1259 löste er sein Gelübde ein und baute an Ort und Stelle die Abtei.

Der Lichthof lädt ein

Eine Gemeinschaft von Zisterzienserinnen liess sich sodann nieder, sie geniessen seit über 750 Jahren das «Frauenstimmrecht» – während dies für Schweizerinnen erst seit den 1970er-Jahren gilt. Augenblicklich wird diese ungebrochene Frauenkraft spürbar. Fröhliche, selbstbewusste, kraftvolle Frauen – zehn Schwestern und eine Novizin – leben heute hinter den stillen, durchbeteten Mauern, der Regel des heiligen Benedikt verpflichtet sowie dem Leitbild der «Carta Caritatis» des heiligen Bernhard von Clairvaux. Drei Generationen unter einem Dach haben es sich zur Aufgabe gemacht, einen lebendigen Ort zu schaffen, wo bei allem Geerdetsein das Geheimnis Gottes ein Stück weit fühlbar wird.

Das Gästehaus «Lichthof» ist zweifelsohne ein Lichtblick: Ein weiss getünchtes vierstöckiges Gebäude aus dem 16. Jahrhundert, seit 2003 vollständig restauriert, erstrahlt in

> «Ich habe mich entschlossen auf dem Grat zu wandern.
> Zitternd vor Freude setze ich einen Fuss
> Vor den andern. Immer wieder aufblicken
> Den Himmel sehen denn wenn ich
> Auf meine Füsse schaue gleite ich aus.»
>
> Sr. Teresa Grollimund (1934–2011)

zisterziensischer Einfachheit. Altes Gebälk setzt schöne Akzente, hier und dort Blumen, Bilder, überall schimmert feine Ästhetik durch. Ein wohltuendes Ambiente zum Atemholen, zum Stillwerden, denn in Wurmsbach wird ganz klar auch die Stille gehütet. Für eine persönlich gestaltete Auszeit gibt es Freiraum im Überfluss. Vieles ist möglich hier: blumige Stunden erleben, sich neu orientieren, die innere Glut entfachen, Gedanken sprudeln lassen und neue Perspektiven gewinnen, begegnen und spirituell auftanken, meditieren und Gottesdienste feiern, schöpferisch tätig sein, das Gras wachsen hören und lachen … Überdies gibt es die Gelegenheit zu einem klärenden, geistlichen Gespräch mit einer Schwester. Die hellen freundlichen Zimmer sind richtige Ruhepole, nichts als ländliche Idylle beschert ein Blick aus dem Fenster. Im Hause befinden sich Tagungsräume, Werkraum und farbenfrohe Aufenthaltsräume. Ganz zuoberst ein weiterer Lichtblick: die gut bestückte Bibliothek, die mit gemütlichen Sofas zu ausgedehnten Lesezeiten und Sternstunden verführt. Ungefähr acht Wochen im Jahr sind die Türen für Einzelgäste geöffnet, Pilger und Tagungsgruppen können jahraus, jahrein nächtigen. Wahlweise Voll-/Halbpension; wer möchte, kann sich auch in der modernen Küche, wo nichts, aber auch gar nichts fehlt, selbst versorgen. In der klei-

Mussezeit am See

nen Klosterboutique Bernard gibt es selbst Hergestelltes, sozusagen die Früchte des Tuns: Wurmsbacher Weingelee, Klostertee und die wundersame schmerzlindernde WuWaSa – hört sich japanisch an, ist aber aus der Comfreypflanze aus dem Klostergarten angebaut, einfach wuwasa! Bücherwürmer finden ausgewählte Literatur zu den Themen Lebenssinn und Spiritualität.

Und ewig lockt der See ... Einfach nur am Ufer sitzen, im Spiel der Wellen versinken, den Blick übers Wasser schweifen lassen hinüber zu den sanften Hügelketten und Wiesen und Wäldern. Es ist eine weite, weich gezeichnete Landschaft, die auch den eigenen Horizont weit werden lässt. Im langen klostereigenen Grünstreifen mit schilfbewachsenen Buchten, Bänken und kleinem Badeplatz kann man das süsse Nichtstun zelebrieren, Bücher wälzen oder einfach nur ausruhen. Und irgendwann, wenn man möchte, die Wanderschuhe schnüren ... Zu entdecken gibt es vieles, vor über 12 000 Jahren modellierte der Lintgletscher das Becken des Zürichsees zu einer bilderbuchschönen Landschaft, die bereits von Römern, Habsburgern und Alemannen besiedelt wurde. Im Frühmittelalter entstanden an den Gesta-

Raum der Stille

den des Sees – ein Drittel davon nennt sich Obersee – zahlreiche Klöster und Kirchen.

Ein weiterer Platz der Kraft: die kleine Klosterkirche, wovon ein Teil immer noch aus der Gründungszeit stammt. 2003 wurde sie komplett renoviert und umgestaltet. Der Goldschmied Josef Caminada hat den Innenraum mit barocker Decke in schlichter Eleganz neu zum Strahlen gebracht. Das Chorgestühl ist aus hellem Holz, der Tabernakel gläsern, neben der Hauptorgel gibt es noch eine kleinere. Licht und weiss ist es in dem Gotteshaus, mit viel Raum für Beweglichkeit. Ein Ort

Klosterkirche

der Tiefe und Innenschau, der gerne aufgesucht wird, zu den täglichen Gebetszeiten, Gottesdiensten und ausserhalb. Ein wunderbarer Klangteppich entsteht, wenn all die musikalisch begabten Schwestern zum Psalmengesang anstimmen. Helle Frauenstimmen erheben den Raum. Die unbändige Freude am Singen und Musizieren geht spürbar unter die Haut. Cello, Flöte, Orgel ertönen, alte und neue Lieder haben gleichermassen und ganz selbstverständlich ihren Platz. Viele Psalmen für Vigilien, Laudes, Vesper oder Komplet hat Äbtissin Monika, ausgebildete Musikerin, vertont. – Sogar CDs gibts, u. a. «Den Glauben feiern», mit Gesängen, die im Laufe der vergangenen Jahre aus dem Singen und Beten in der Wurmsbacher Gemeinschaft entstanden sind. Es ist eine Musik jenseits von Worten, die Räume öffnet, vom Geheimnis eines anderen durchweht ... Die lebendig gestalteten Gottesdienste, deren Ablauf die Schwestern bestimmen mit kreativer Liturgie, werden von verschiedensten auswärtigen Priestern gehalten, zumal die Abtei keinen eigenen Priester mehr hat. Gross ist die Offenheit in Wurmsbach, auch anderen Religionen gegenüber, und ebenso gross ist die spirituelle Kompetenz. «In Aktion und Kontemplation das Ohr hellhörig am Puls der Zeit zu halten und da zu sein für Gott und für zahlreiche Menschen», lautet der Leitspruch.

Die Tage der Schwestern scheinen so bunt und vielfältig wie das Leben selbst. Grundtiefe Stille und Kontemplation, geistliche Offenheit haben ebenso ihren Platz wie Kreativität, persönliche Entfaltung und Freude am Zupacken. Selbstverständlich nehmen die Schwestern ihren Raum ein, im Kloster und in der Welt. Ein wichtiger Pfeiler in Wurmsbach ist die Impulsschule mit Internat, wo die Schwestern rund 70 Mädchen von elf bis sechzehn nicht nur schulische, fachliche Kompetenzen beibringen, sondern auch zu Toleranz, Verantwortung, Teamgeist, Selbstbewusstsein anleiten, sozusagen eine Lebensschule. «Am Puls – Impuls: Am Puls sein, dort, wo das Leben pocht und seine Kraft kundtut», schrieb Sr. Teresa Grollimund im Jubiläumsjahr 1993, als 150 Jahre Mädcheninstitut Wurmsbach gefeiert wurden. Wurmsbach ist ein inspirierender Platz. Voller Herzkraft und Dynamik. Beflügelt unterwegs sind sie, die Schwestern, stets wach für zeitgemässe Fragen und Themen. All dies ist ansteckend.

Individuum und Gemeinschaft – Jugendlichen einen festen, offenen Rahmen geben, und offen sein

Infos
Unterkunft: Frauen und Männer wohnen im Gästehaus, 5 geräumige EZ/3 DZ und 1 Pilgerzimmer (4 Betten) mit Bad/WC
Angebote: Persönliche Auszeit, Stille Tage in «Eigenregie», Teilnahme am Chorgebet/an Gottesdiensten möglich, eventuell Gespräch mit einer Schwester, Fahrradverleih, Fasten (nur fastenerfahrene Personen, in Eigenverantwortung, keine Begleitung), Besuch der Impulsschule
Kontakt: Kloster Mariazell Wurmsbach, CH-8645 Rapperswil-Jona,
Tel. +41 (0)55 225 49 00,
info@wurmsbach.ch
www.wurmsbach.ch

WANDERUNG

Auf dem Strandweg nach Schmerikon

Entspannt gehts an den Gestaden des Obersees der Sonne entgegen. Stets aufs Neue beflügelt das harmonische Zusammenspiel von Wasser, Hügeln und Bergen, hier und dort locken Kirchen. Lichte Waldwege führen zurück zum Kloster.

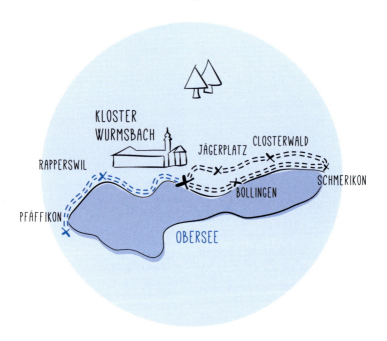

Route: Kloster Wurmsbach (410 m ü.M.)–Bollingen (409 m ü.M)–Schmerikon (406 m ü.M.)–Chürzi (480 m ü.M.)–Chlosterwald (470 m ü.M.)–Jägerstand (510 m ü.M.)–Jägerplatz (480 m ü.M.)–Obere Rüti (470 m ü.M.)–Buech (420 m ü.M.)–Kloster Wurmsbach
Wanderzeit: 3,5 Std.
Wegstrecke: 13 km; Wanderung: leicht
Anreise: Mit dem Zug nach Jona oder Rapperswil, weiter mit dem Bus nach St. Dionys, von dort ca. 20 Min. Fussmarsch zum Kloster
Rückreise: Mit dem Bus ab St. Dionys

Zisterzienserinnenabtei Mariazell Wurmsbach

Schmerikon entgegen

Zur Einstimmung in die Region eignet sich besonders der sonnendurchflutete, rund sechs Kilometer lange Uferweg nach Schmerikon. Auszeitfeeling stellt sich augenblicklich ein beim Flanieren entlang des Wassers, ein sanfte Brise streift übers Gesicht, die Gedanken dürfen frei schweifen. Wogende Weiden und Schilfgürtel harmonieren mit dem See, so geht es eine Weile …

Zuhauf Wasservögel haben hier ihr Zuhause, es rätscht und schnattert und tschilpt. In Bollingen erheben sich die Häuser auf markantem Hügel, zuoberst thront die Kirche St. Pankraz mit ihrem Käsbissenturm. Übrigens, am Rande des Dorfes, ganz versteckt am Seeufer, bewohnte C. G. Jung eine historische Villa mit Bootshaus. Bekannt wurde sie unter Jungs eigener Namensgebung «Turm». Und schon bald zeigt sich auf der kleinen Landzunge «Hörnli» eine frühgotische Kapelle, etwas abseits des Weges, die sich aufzusuchen lohnt: 1627 entstand hier zu Ehren des Einsiedlers St. Meinrad dieses architektonische Kleinod.

Poesie am Obersee

Hand in Hand mit dem Wellengeplätscher, mit tollen naturbelassenen Uferabschnitten, gehts gänzlich entspannt Schmerikon entgegen. Das beschauliche Dorf an schönster Lage am oberen Ende des Zürichsees lädt zu einer Kaffeepause. Bunt ist das Farbenspiel: Das Blau des Wassers changiert mit dem Grün der Wiesen und Wälder, Kirschbäume leuchten, dahinter Hügel und Berge. Zurück zum Kloster gibt es verschiedene Varianten: auf selbigem Weg oder mit dem Postauto.

Gerade im Sommer ist es ungeheuer erfrischend, auf dem Waldweg zurückzuwandern (rund sieben Kilometer). In Schmerikon gehts an der Kirche vorbei und einige Kehren hinauf, nach Chürzi und über den bewaldeten, langgezogenen Molassehügel, der Eschenbach und Wagen vom See trennt. Sie wandern via Magdalenerplatz, Chlosterwald, Jägerstand, Jägerplatz in sanftem Auf und Ab und wohltuender Stille nach Obere Rüti und dann wieder heraus aus dem Wald, nach Buech –

Bei Buech

von hier ist es nur ein Katzensprung nach Wurmsbach (mit gelber Raute als Wanderweg signalisiert).

Noch mehr Wanderlust?

1 Vom Kloster zur Rosenstadt Rapperswil: Diese Genusswanderung entlang des Obersees führt an saftigen Wiesen und knorrigen Bäumen vorbei, mit tollen Naturinszenierungen. Der Blick fällt auf den kleinen Yachthafen in Jona, bunte Boote schippern übers Wasser, vom Kloster sind es sechs Kilometer ins charmante Rapperswil, das zu einem ausgiebigen Bummel lädt. Gut zu wissen: Zwischen Mai und Oktober bestimmen die Rosen das Bild der Stadt. In den Gärten und schmalen Gassen in und um die mittelalterliche Altstadt, v.a. beim Kapuzinerkloster und auf der «Schanz», erblühen rund 16 000 Edelrosen, Strauch- und Polyantharosen, der Duft ist betörend an der Riviera am Oberen Zürichsee. Auf dem Schlosshügel thront das Schloss Rapperswil, von wo aus man eine Sicht über die Stadt und den See geniesst. Es lohnt sich unbedingt, über die längste Holzbrücke der Schweiz zu spazieren. Der 841 Meter lange Holzsteg nach Hurden ist besonders. Er ist seit dem Mittelalter vielen Jakobspilgern bekannt, die auf dem Weg nach Santiago de Compostela auch Rapperswil besuchen und via Pfäffikon und den Etzelpass zum Pilgerzentrum der Schweiz, dem Kloster Einsiedeln pilgern (Jakobsweg von Rapperswil nach Einsiedeln: 17 km, 5 Std./Etappe 4. Jakobsweg von Rapperswil nach Wattwil: 27 km, 8 Std./Etappe 3).

2 Der Zürichsee-Rundweg führt in zehn Wanderetappen rund um den See, ca. 115 Kilometer, gut markiert als Zürichsee Rundweg Nr. 84. Die Vielfalt der Region präsentiert sich mit historischen Städtchen und Dörfern, Schlössern und Parks, Villen und pittoresker Uferlandschaft, tiefen Tobeln und ausgedehnten Wäldern.

Es geht über stille Waldwege

Haltestelle für das Leben
Klosterherberge Baldegg

«Der weiblichen Jugend, den zukünftigen Müttern des Volkes, soll eine zweckmässige Bildung auf kirchlicher Grundlage ermöglicht werden» – diese Vision des engagierten Kaplans Josef Leonz Blum von Hochdorf stiess sogleich bei sieben leiblichen Schwestern der Familie Hartmann bei Hohenrain auf fruchtbaren Boden. Im Februar 1830 begannen sie im Schloss zu Baldegg unter der Leitung des Kaplans, sich für die Mädchenbildung und Armenbetreuung einzusetzen, und es kamen immer mehr Töchter hinzu. Bald bildeten die Frauen eine religiöse Gemeinschaft, die den Regeln des heiligen Franziskus von Assisi folgten. Allen politischen Wirren zum Trotz vergrösserte sich die Ordensgemeinschaft stetig. Neben Baldegg entstanden weitere klösterliche Betriebe wie Bourguillon und Hertenstein.

Heute wohnen rund 180 Schwestern in der Klosteranlage Baldegg. Der Grossteil der klösterlichen Gemein-

Auf der Lebenstreppe

schaft lebt im Mutterhaus – ein modernes Kunstwerk im eigenwilligen Bauhausstil, das der renommierte Architekt Marcel Breuer Ende der 1960-Jahre entwarf, als die Klosteranlage zu klein war; integriert ist das ordenseigene Pflegeheim Sonnhalde.

Auf der anderen Seite der Seetalbahn, etwa zehn Minuten Fussmarsch vom Mutterhaus entfernt, erhebt sich weithin sichtbar das alte Schloss, wo dreizehn Schwestern leben und sich um die daran angeschlossene Klosterherberge kümmern. «Verliebt in die Welt und doch ganz Christus zugewandt, der Schöpfung und allen Geschöpfen geschwisterlich nah, arm und doch voll Freude. So war Franziskus, der Heilige aus Assisi. So möchten auch die Baldegger Schwestern sein» – mit diesen Worten stellen sich die engagierten Frauen vor.

Die Klosterherberge versteht sich als Haltestelle für das Leben. Für einen Tag, für eine Woche oder auch länger folgen Gäste der Einladung, einfach mal anzuhalten, Atem zu holen, den Zauber des Augenblicks zu geniessen oder tieferen Sinnfragen Gehör zu schenken. Herberge-Zeiten sind auch immer ein Kraftschöpfen, Entschleunigen und Wiederentdecken der Freude.

Moderne Klosterherberge

Über eine schwere Glastüre gelangt man in das grosse, verschachtelte, frisch renovierte Gebäude. Hell, klar, angenehm luftig und unbeschwert-fröhlich ist es, mit vielen Gängen und Etagen und noch mehr Zimmern für Gäste und viel freier Raum für Kreativität. In herzenswarmer Atmosphäre ist das Ankommen leicht. Das neue Zuhause, das man bezieht, ist angenehm schlicht und doch grosszügig, mit Balkon zum blumigen Klostergarten und freiem Blick. Der Alltag fällt erstaunlich schnell ab, gross die Freude angesichts der lang ersehnten unverplanten Zeit, die vor einem

Es blüht im Innenhof

liegt. Freundliche Schwestern gehören zum Erscheinungsbild, sie wohnen und arbeiten im Haus und sind daher oft in Sichtweite. Stets ein sensibles Ohr schenken sie bei allerlei Fragen, Wünschen und Anliegen. Es ist eine Freude, mit ihnen am gemeinsamen Tisch zur Essenszeit zu sitzen. Keine Berührungsängste, keine Distanz, ihre Güte und Aufgeschlossenheit wecken sichtlich auf – gleich als Teil der kleinen Gemeinschaft fühlt man sich, in Leichtigkeit entstehen Gespräche. Die Rollen dürfen fallen, zentral ist der Mensch als Vis-à-vis. Es gibt hier viel Platz und Bewegungsspielraum. Ganz dem inneren Strom folgend, kann man sich eine eigene Gangart zulegen und intuitiv durch den Tag mäandern. Manche mögen sich in den wohltuenden Rhythmus des franziskanischen Klosteralltags einschwingen und sich zu den Stundengebeten ins Oratorium oder in die Klosterkirche oder Kapelle im Mutterhaus begeben. Am 22. jeden Monats finden sich in der modernen Klosterkirche, in ein einziges Lichtermeer getaucht, zahlreiche Menschen zum Taizé-Gebet zusammen.

Der schützende Rahmen des Klosters lässt die Seele weit werden. Man kann sich für Musse und Entschleunigung entscheiden oder sich beherzt auf die Begegnung mit Gleichgesinnten einlassen. Überdies lädt ein vielseitiges Programm die Gäste ein, zu experimentieren, neue Talente zu entdecken oder neue Pfade zu beschreiten. Da gibt es kreative Angebote wie Buchbinden, Ikonenmalen, töpfern, aber auch zahlreiche Kurse rund um Spiritualität, Glauben und Lebenskunst, beispielsweise «Tage der Achtsamkeit», das wöchentliche «Glaubenskafi», Pilger- und Wandertage, Einstimmung auf Festtage. Wer sich neu ausrichten, eine aktuelle persönliche Situation klären oder dem Glauben mehr Raum schenken möchte und auf diesem Weg Begleitung wünscht, findet in Baldegg professionelle Unterstützung in Form von geistlicher Begleitung, psychologischer Beratung und Coaching.

Vielleicht wird ja das Klosterkafi zum täglichen Ritual, dort wird gelacht, angeregt kommuniziert oder ausgeruht. Es ist ein öffentlicher Ort, wo auch Tagesgäste die sorgfältig zubereiteten Speisen der Schwestern drinnen oder draussen geniessen. Völlig zeitvergessen kann man stundenlang auf der Sonnenterrasse sitzen, von Obstbäumen, Heil- und Kräuterpflanzen, Blütenpracht und Grünflächen umzingelt, mit Blick auf See und Berge. Lauschige Plätze gibt es übrigens im Gelände zuhauf, unter dem Blätterdach oder sonnenexponiert beim Schlossgarten, an der angrenzenden Schule (die bis 2005 zum Kloster gehörte). Der Innenhof ist mit dem seltenen dreiteiligen Blauglockenbaum eine stille Oase der Kraft. Wer für sich das Abenteuer Leben spielerisch und gleichermassen tiefgründig im Zeitraffer erfahren möchte, macht sich auf zur «Lebenstreppe», Schritt für Schritt regen die rund ums Haus verteilten sieben Bronzestatuen von Schwester Caritas vom Kloster Cazis zur Reflexion an: am Spielplatz das verspielte Mädchen, dann der junge Mann, der die Treppe raufrennt, die Familie im Garten, der Mann nach der Lebensmitte, die Greisin mit Kind – gegenüber der Säugling. Nahe dem Friedhof dann der Sterbende – ein besonderer Ort der Stille und An-

«Kleine leise Schwester Schwalbe,
leihe deine leichten, schnellen
Flügel mir zum Flug,
dass ich flieh in klare Hellen,
zu des Himmels goldnen Schwellen,
weit und weit und nie genug!
Leih mir deine leichten Flügel,
schwer im Dunkel stehn die Hügel,
doch die Himmel glühn.
Über Hügeln, über Winden
Will ich eine Heimat finden,
tief in goldnem Blühn.»

Sr. Clarita Schmid, Baldegg

dacht. Die angrenzende Kirche ist nicht nur eine architektonische Besonderheit, von ihr geht auch eine starke sakrale Atmosphäre aus, wo man sich gerne niederlässt.

Zum Staunen und Stöbern lädt der kleine Klosterladen, denn er bietet, so heisst es, «nur wenige Produkte an. Dafür aber viel Zeit». Hier findet man «LebensMittel» für den Leib und «LebensMittel» für die Seele, Feines aus dem Kräutergarten, der Klosterküche und den Handwerksstätten. Eine gute Idee ist es, abends die überraschend grosse Bibliothek unterm Dach aufzusuchen, bestückt mit breitgefächerter spiritueller Literatur, aber auch Klassikern. Man möchte gar nächtelang durchlesen und schmökern. Die Weite im Kloster geht fliessend in den hinreissenden Natur- und Landschaftsraum über, ja, irgendwann muss man draussen auf Perlensuche im sanften Seetal gehen. Anzuhalten und einzukehren bei den Baldegger Schwestern, die beseelt sind von franziskanischer Spiritualität, ist für Körper und Geist ein grosses Jubeln.

Infos
Unterkunft: Frauen und Männer wohnen in der Klosterherberge. 13 Zimmer mit Dusche/WC im Zimmer und auf der Etage
Angebote: Klosterkafi, Gästezimmer, Kursangebote, Tagungsräume, Feste und Anlässe, Herberge-Ferien, geistliche Begleitung, psychologische Beratung, Taizé-Nachtgebet, Klosterladen
Kontakt: Klosterherberge Baldegg (direkt neben der SBB-Haltestelle Baldegg-Kloster), Alte Klosterstrasse 1, 6283 Baldegg, Tel. +41 (0)41914 18 50, info@klosterherberge.ch, www.klosterherberge.ch

Im Klostergarten wächst so manch gesundes Heilkraut

Klosterherberge Baldegg

WANDERUNG

Glückseligkeit im Seetal

Entlang des Baldeggersees flanieren und hinauf zum Schloss Heidegg mit seinem duftenden Rosengarten. Auf Wald- und Wiesenwegen zur idyllischen Wallfahrtskapelle Maria zum Schnee und zurück nach Baldegg.

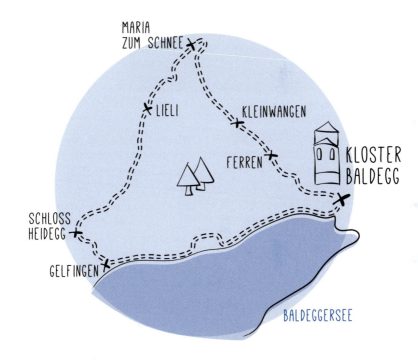

Route: Kloster Baldegg (564 m ü.M.)–Gelfingen (470 m ü.M.)–Schloss Heidegg (508 m ü.M.)–Lieli (650 m ü.M.)–Maria zum Schnee (680 m ü.M.)–Kleinwangen (549 m ü.M.)–Ferren (499 m ü.M.)–Kloster Baldegg
Wanderzeit: 3,5–4 Std.
Wegstrecke: 14 km; Wanderung: leicht
Anreise: Mit dem Zug nach Baldegg (Kloster)
Rückreise: Mit dem Zug ab Baldegg (Kloster)

Klosterherberge Baldegg

Auf dem Seeweg

Vielleicht lockt noch einmal das sonnige Kloster-Gartencafé, bevor Sie hinunterspazieren zum Baldeggersee, der gerade einmal fünf Quadratkilometer gross ist, von blühenden Obstbäumen gesäumt – eingebettet zwischen sanfte Hügelzüge. Der Mauer entlang spazieren Sie zur Hauptstrasse, an der Gärtnerei vorbei; dann führt ein breiter Feldweg direkt zum Naturparadies.

Eine Atempause am Wasser ist angesagt. Sie halten sich rechts, immer der gelben Raute nach, gut eine Stunde ist es nach Gelfingen, aber vermutlich dauert es länger, zu viele Verführungen auf dem Weg laden ein, anzuhalten und zu staunen. In dem Naturerlebnispark ist die Grosse Königslibelle zu Hause, die Männchen patrouillieren über dem Gewässer und tragen regelrechte Luftkämpfe mit anderen Libellen aus. Mal gehts entlang des Schilfgürtels, wo Haubentaucher gerne ein Schwimmnest bauen, aus dem Röhricht erklingt die raue Stimme des Teichrohrsängers. Zahlreiche Wasservögel: Blesshuhn, Lachmöwen, Stockenten finden hier ein wertvolles Refugium. Der Blick fällt auf leuchtende Teichrosen, Froschlöffel und Laichkraut. Hier und dort sind Männerchöre des Wasserfrosches zu hören. Schätzungsweise 300 verschiedene Pflanzenarten blühen und gedeihen im Uferbereich, darunter die seltene Sibirische Schwertlilie, Lungen-

Klosterherberge Baldegg 113

enzian, Orchideen. Genusswandeln pur, aus dem Ufer rätscht und gurrt und flötet es, bald zeigt sich die Badi, wo Sie wunderbar ins glasklare Nass eintauchen können.

Der Pfad schlängelt sich entlang des Sees, über Holzstege, durch schattige Uferwäldchen, entlang blumenreicher Flachmoore und Riedwiesen, einfach bezaubernd, die Naturpracht. Sie sollten unbedingt mal abschweifen, hinunter zum lächelnden See, der übrigens der «bestuntersuchteste See auf der ganzen Welt» ist. In der Seemitte ist das Wasser etwas trübe, aufgewühlt – 1982 musste der See, in Privatbesitz von Pro Natura, aufgrund massiver Überdüngung künstlich beatmet werden, sodass Belüftungsrohre, den Wanderern nicht einsehbar, den Sauerstoffgehalt fortan erhöhen. Daher das Prädikat: bestuntersucht. Hier und dort saftige Kirschen, Birnen, Äpfel, überrascht fällt der Blick auf einen kahlen Baumstamm, wo – wie lange schon? – ein Storchenpaar lebt.

Am Ende des Sees, in Gelfingen, steigen Sie hinauf zum Schloss Heidegg, etwa 25 Minuten, durchs blitzblanke Quartier und mitten durch die Reben. Majestätisch erheben sich die Mauern aus dem 12. Jahrhundert übers Seetal, dahinter türmen sich die weissen Alpengipfel auf. Schloss und Parklandschaft – ein schmuckes Ensemble: von Schlosskeller, Café, Kapelle, Museum, Rosskastanienallee zum weithin bekannten Rosengarten auf barocker Terrasse. «Hier sollten Rosen blühen!» Diesen Ausruf des deutschen Bundeskanzlers Adenauer bei seinem Besuch 1951 im Schloss beherzigte der einstige Konservator augenblicklich und verwandelte den Nutzgarten zum reinen Schaugarten – bis heute ist er ein rauschendes (Rosen-)Fest der Farben und Düfte.

Ein Storch wacht über dem See

Klosterherberge Baldegg

Schloss Heidegg, von Wein umrankt, thront über Gelfingen

Nach dem sinnlichen Ausflug ins Mittelalter gehts nach Lieli: am Spielplatz vorbei, durch den stillen Wald und übers offene Feld, Vogelgezwitscher und blauer Himmel über einem, sonst nichts, eine gute halbe Stunde lang. Sie spazieren mitten durchs kleine Bauerndorf, an dessen Ende gehen Sie Richtung Ibenmoos (30 Minuten). (Oder noch schnell einen zehnminütigen Abstecher zur gut erhaltenen Ruine Nünegg – mit ihren rätselhaften neun Ecken – wählen, wo jedes Ritterherz höher schlägt.) Durch sattgrünes Wiesenland, vorbei an Obstbäumen gehts zum Staldehölzli – und im Zickzack den schmalen Waldpfad hinauf, am sprudelnden Bächlein entlang (gelbe Raute), dort, wo Igel und Feldhase zu Hause sind.

Wieder im Licht, gehts über die Wiese zum Fohrenhof und entlang des Buechwaldes, 400 Meter weiter erhebt sich am kleinen Weiher die idyllisch gelegene Wallfahrtskapelle «Maria zum Schnee». Zeit für eine Rast, Zeit zum Innehalten und Atem holen. Unweit davon ein grosses Gebäude: früher ein Bad, später Armenhaus, jetzt Alters- und Pflegeheim Ibenmoos.

Von dem Heiligtum führt ein etwa halbstündiger Pilgerweg hinunter nach Kleinwangen: durch den Buechwald sowie an dessen Rand mit beglückender Weitsicht. Sie werden durchs Dorf gelotst, an gehübschten Bauernhäusern und Bächlein entlang, in zehn Minuten erreichen Sie Ferren, in einer weite-

Klosterherberge Baldegg

ren Viertelstunde sind Sie in Baldegg. Ah, wie herrlich noch das Auslaufen durch Ackerland und wogende Weizenfelder, aus der Ferne grüsst schon das alte Schloss.

Noch mehr Wanderlust?

Besinnungsweg: Der fünf Kilometer lange Weg, der bei der Pfarrkirche Hochdorf beginnt und durchs Seetal zur Kirche Baldegg führt (oder anders herum), will zum Nachdenken anregen, zu Mut und Kraft und zum Handeln auffordern. Neun Stelen begleiten den gut ausgeschilderten Weg. Mit Informationen zum Kolpingwerk, Fragen und Aussagen aus der Bibel sowie Zitaten von Adolph Kolping. Im Andachtsraum der Institutskirche des Klosters Baldegg ist ein interessantes Glasobjekt des Künstlers Christoph Stooss. Unter anderem ist das Gesicht von Adolph Kolping zu sehen, der gezeigt hat, wie man diese Welt verändern und Brücken bauen kann.

Der Baldeggersee von oben

Frauen, die das Leben lieben

Kloster Fahr

Die schönste Annäherung an Fahr ist zu Fuss entlang der Limmat. Hand in Hand mit dem Wellengeplätscher, entfernt man sich Schritt für Schritt vom Alltag, geniesst die Entschleunigung und frische Brise, und lässt bald Wohnkomplexe, Industrie, Autobahn hinter sich. Nach rund zwanzig Minuten (von der Bushaltestelle Eckstein/Unterengstringen) tut sich eine wunderbare Oase der Stille auf, ganz von Grünkraft eingenommen. Etwas entrückt, wie aus einer anderen Zeit, erhebt sich vor den Toren der Stadt Zürich diese prächtige, erstaunlich grosse barocke Anlage des Klosters Fahr. Die dreigeschossigen Konventbauten, Propstei, Klosterkirche und Kapelle St. Anna und etliche Ökonomiegebäude bilden ein einheitliches Ensemble. Eine einzige Augenweide,

Kloster Fahr

Kloster Fahr

der öffentliche Propsteigarten, der einen blumig empfängt. Als barocker Bauerngarten angelegt, pulsiert eine Vielfalt an Zierpflanzen, Gemüsen, Kräutern in den leuchtendsten Farben: Narzissen, Iris, Rosen, Kohl, Kürbis, Rüben, Fenchel, Spargel, Wein, Feigen ... Die Umfassungsmauern stammen zum Teil noch aus der Barockzeit.

Augenblicklich werden 900 Jahre Geschichte lebendig. Im Jahre 1130 schenkte Freiherr Lütold II. von Regensburg seinen Grundbesitz «Vare» dem Kloster Einsiedeln. An die Schenkung geknüpft wurde die Bedingung, an diesem Ort ein Frauenkloster zu errichten und zu erhalten. Seither bilden Fahr und Einsiedeln ein Doppelkloster, der Abt von Einsiedeln ist auch Abt des Klosters Fahr. Solch eine spirituelle und wirtschaftliche Beziehung ist weltweit einzigartig. Im Zuge der Aufhebung sämtlicher Klöster 1841 im Aargau musste auch Fahr die Pforten schliessen, aber bereits zwei Jahre später, 1843 erfolgte die Restituierung des Klosters.

Heute bilden zwanzig Benediktinerinnen eine tragende Gemeinschaft. «Wer ist der Mensch, der das Leben liebt?» – bereits vor 1500 Jahren warb mit dieser Frage der heilige Benedikt für das monastische Leben. «Weil wir das Leben lieben, sind wir hier im Kloster», so die Fahrer Schwestern. «Wir sind Frauen, die ihr Leben nach dem Evangelium und den Weisungen Benedikts gestalten. Wir suchen Gott im persönlichen Gebet, in der Liturgie und in den vielfältigen Aufgaben unserer Klostergemeinschaft.»

In der Regel des heiligen Benedikt heisst es: «Dem Kloster fehlt es nie an Gästen.» Und so wird auch in Fahr, ganz im Sinne des Heiligen, die Gastfreundschaft grossgeschrieben. Frauen, die sich für ein paar Tage oder Wochen eine Auszeit nehmen möchten und im benediktinischen Tagesrhythmus Erholung und Ruhe suchen, finden im Propsteiflügel ein wohltuendes

Leben im Kloster

«Kloster Fahr
am Rand der Stadt:
Welt, in der sich
Erd und Himmel
stets begegnen.
Was es ist
und sein zu hat:
Ort für Gott,
die Menschheit immer
neu zu segnen.»

Silja Walter OSB

Klostergarten wie aus dem Bilderbuch

Ambiente. Gelebte Gemeinschaft und Kontemplation können erfahren werden. Bestens betreut fühlt man sich von der Gastschwester Martina, die durchs Gebäudelabyrinth mit den langen Korridoren und weiten Treppenhäusern führt und auch gleich ein offenes Ohr für allerlei Fragen hat. Vorbei an zahlreichen Ölbildern und historischen Gemäldezyklen und noch mehr verschlossenen Türen – dahinter verbergen sich oft kostbare Kunstobjekte, prächtige Öfen, reich verzierte Stuck- und Kassettendecken. Schliesslich gehts zu den behaglichen Zimmern mit tollem Blick auf den Klostergarten. Gerade die Schlichtheit erlaubt es, sich auf Wesentliches zu besinnen und erleichtert innere Einkehr. Es ist ein Ankommen in einer stillen, achtsamen Welt, von einer starken Frauengemeinschaft getragen. Die tiefe Verbundenheit ist spürbar, immerhin leben einige Schwestern schon seit 30, 40 oder 50 Jahren hier. Sie haben es sich zur Aufgabe gemacht, sich gegenseitig zu inspirieren und zu stützen. Ihre vielfältigen Fähigkeiten fliessen ein in unterschiedlichste klösterliche Tätigkeiten. Der Alltag ist klar strukturiert: Gebetszeiten und Lesung wechseln sich ab mit Zeiten der Arbeit und Rekreation. In diesem wohltuenden Rhythmus können Körper, Geist und Seele gleichermassen zur Ruhe finden.

«Gerne öffnen wir die Klausur, sozusagen das Innerste und gewähren interessierten weiblichen Gästen Einblick in den klösterlichen Alltag», erzählt Priorin Irene Gassmann. Besonders nah dran am Klosterleben ist man beim gemeinsamen Mittag- und Abendessen im Refektorium. Ein anfängliches Staunen – so sieht also der Speisesaal aus: In zwei langen Stuhlreihen sitzen die Schwestern, mit dem Rücken zur

Die Fahrer Schwestern öffnen ein Stück weit die Klausur

Schwester Irene Gassmann, Priorin

Wand, die Tischplätze sind nach Eintrittsdatum, also Seniorität festgelegt. Auf einer Kanzel steht eine Schwester und liest aus einem historischen Buch vor, alle anderen schweigen. Jede bedient sich selbst am Büffet, das mit allerlei Feinem aus dem eigenen Kräuter- und Gemüsegarten lockt. Wie nahrhaft es doch ist, das stillschweigende Essen, wo man so ganz bei sich sein kann.

Gäste sind herzlich eingeladen, an den Stundengebeten teilzunehmen. Um 5.20 Uhr erklingt erstmals die Glocke und ruft zur Vigil in die Klosterkirche. Hell tönt der feierliche Gesang durch den barocken Kirchenraum und kündigt den frühen Morgen an, mit der Komplet um 19.45 Uhr wird der Tag verabschiedet. Psalmen, Choräle, sie weben sich schon seit vielen Jahrhunderten in die dicken Mauern und erschaffen eine andächtige Atmosphäre. Zahlreiche vergoldete Holzschnitzereien, farbenfrohe Fresken, illusionistische Architekturmalerei in Kombination mit Altären und Gemälden bilden ein prachtvolles Interieur. Beim Verlassen der Kirche, im Kirchhof, unbedingt einen genauen Blick auf die Innenfassaden werfen. Die Gebrüder Torricelli haben sie mit prachtvollen Fresken geschmückt, unter anderem mit Szenen des Jüngsten Gerichts. Hohe, stille Mauern umgeben den «Garten der Toten», die Gräber der Verstorbenen sind mit einfachen Kreuzen versehen.

Unverwechselbar in Fahr und lebendiges Kulturgut ist das Paramenten. Sakrale Textilien, die der Gestaltung von Gottesdiensten dienen, werden seit Jahrhunderten in Frauenklöstern gefertigt. So hat auch in Fahr die Paramentenwerkstatt eine lange Tradition und ist heute ein wichtiger wirtschaftlicher Faktor. Seit 2010 existiert ein effizientes Kompetenzzentrum für liturgische Textilien; sechs Benediktinerinnen in der Webstube und im Nähatelier werden von Fachfrauen unterstützt. Die sakralen Textilien (etwa Mess- und Ministrantengewänder, Altar- und Ambotücher, Tuniken) sind über die Landesgrenzen hinaus sehr gefragt – und Haute Couture vom Feinsten. In der Webstube sitzen, das Spulrad drehen, den Webstuhl mit den farbigen Seidenspulen versorgen – einzigartig hat es die Fahrer Schwester Maria Hedwig, besser bekannt unter dem Namen Silja Walter (1919–2011) als höchst meditativen Akt beschrieben: «Nichts denken, hineinschauen in das, was im Geheimnis hinter der Welt und durch sie hindurch wirklich geschieht, das war die grosse Chance meiner mechanischen Handarbeit im geschlossenen Kloster (...) Ich drehe das Rädchen/die Seide singt/zinoberrot blau/und resedagrün/ich bin aber verschwunden/man schwindet/verschwindet/derweilen/das Rädchen/sich dreht/man stirbt und man stirbt hinein/ins dreifarbene Meer.»

Klack, klack, klack... vernimmt man beim Eintreten in den Silja-Walter-Raum. Was ist das? Ja, sie schreibt, Silja Walter tippt einen Text in den PC – neugierig schaut man auf den Bildschirm und liest. Dieses Zimmer ist ganz dem Leben und künstlerischen Schaffen der Dichterin und Schriftstellerin Silja Walter gewidmet. Mit ihren Hymnen, Liedern und meditativen Betrachtungen, entstanden in der Stille der Klausur, erlangte sie hohes Ansehen und erhielt zahlreiche Ehrungen im Literatur- und Kulturbereich. Einzigartig gibt sie mit ihren Worten den Blick frei hinter die Klostermauern.

Gleich neben der Klosterpforte befindet sich der Klosterladen, den man früher oder später aufsucht – und den Tagesgäste ohnehin gleich ansteuern, zu verlockend sind all die glüschtigen Leckereien. Da gibt es klostereigene Produkte wie Kräuterbrände, Liköre, Tee, Sirup, Apfelschnitzli, selbstgemachte Anis- und Nusskräpfli oder Fahrer Heilwasser. Der Wein stammt aus

Kloster Fahr

dem eigenen Weinkeller, nach uralter Tradition legen die Benediktinerinnen «im Wümmet» noch Hand an beim Ernten der reifen Trauben in den rund 4,2 Hektar grossen Rebbergen. Der freudvoll geerntete Wein, etwa der würzige Pinot Gris oder der fruchtige Rosé, lässt sich auch im Klosterrestaurant «Zu den Zwei Raben» geniessen. Dort wird man mit regionalen und saisonalen Gaumenfreuden verwöhnt, die Kräuter und das Gemüse kommen aus dem Klostergarten. Drinnen in der gemütlichen Gaststube oder draussen auf der Terrasse oder im lauschigen Garten mit den uralten Bäumen. Die zwei Raben auf dem Wirtshausschild stellen einen Bezug zu Einsiedeln her. Sie erinnern an den heiligen Meinrad, der einer Legende zufolge ermordet wurde; zwei Raben sollen die Mörder bis nach Zürich verfolgt haben.

Wer an einer Klosterführung teilnimmt, erheischt noch so manch interessanten Blick hinter die Mauern und erfährt viel Wissenswertes zu Architektur und Geschichte. Unter anderem wird ein echtes Juwel im Innenhof sichtbar, der barocke Kreuzgarten mit Heil-, Tee- und Küchenkräutern, der als einer der besterhaltenen Klostergärten der Schweiz gilt. Am idyllischen Limmatufer gelegen, so ruhig und doch zentral, ist das Kloster Fahr auch ein beliebter Platz für kulturelle Anlässe und Seminare – schöne Räume gibt es zuhauf für Konzerte, Kurse zu spirituellen Themen, Sing- und Schreibtage.

In Fahr trifft man auf einen Ort tief gelebter Spiritualität und Freude, wo offene Begegnungen mit Menschen, mit sich selbst und mit Gott möglich sind. Die Herzenswärme, die von den Fahrer Schwestern ausgeht, schwingt noch lange in den Alltag hinein. «Das Kloster Fahr ist eine grüne, ruhige Oase im dichtbesiedelten Limmattal. Hier leben, beten und arbeiten seit bald 900 Jahren Benediktinerinnen, Frauen, die das Leben lieben.»

Infos
Unterkunft: im Gästetrakt möglich. 14 EZ mit Dusche/WC auf der Etage. Für Stille Klostertage: nur für Frauen. Für Seminare (Verpflegung im Restaurant): Frauen und Männer. Als Tagesgäste sind alle Interessierten herzlich willkommen
Angebote: Klosterführung, Gartenführung, Stille Klostertage, Schreibzelle, Tagzeitenliturgie, «Dein Leben will singen – Gebet und Gesang», Seminarräume, Klosterrestaurant, Klosterladen, Silja-Walter-Raum
Kontakt: Kloster Fahr, 8109 Kloster Fahr, Tel. +41 (0)43 455 10 40, info@kloster-fahr.ch, www.kloster-fahr.ch

Kloster Fahr

WANDERUNG

Von Kloster zu Kloster

Hand in Hand mit der Limmat gehts durch Auen und wunderbare Naturinszenierungen zum Kloster Wettingen mit seiner wechselvollen Geschichte. Wie schön, wenn alles im Fluss ist.

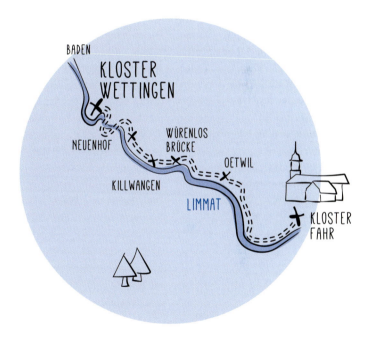

Route: Kloster Fahr (393 m ü.M.)–Oetwil (410 m ü.M.)–
Würenlos Brücke (387 m ü.M.)–Killwangen (395 m ü.M.)–
Neuenhof (403 m ü.M.)–Kloster Wettingen (408 m ü.M.)
Wegstrecke: 15 km; Wanderung: leicht
Anreise: Mit der S-Bahn von Zürich bis Schlieren, weiter mit dem Bus Richtung Engstringen, bis Haltestelle Eckstein. Von dort Fussweg zum Kloster
Rückreise: Mit dem Zug ab Wettingen

Kloster Fahr

Sie spazieren durch den Garten des Klosterrestaurants, vorbei an den rustikalen Bänken und riesigen Kastanienbäumen, Buchen, Ahorn zu den Gestaden der Limmat. Ab jetzt nimmt Sie der Fluss mit auf eine abwechslungsreiche Natur- und Kulturreise.

Für eine lange Weile spazieren Sie am rechten Ufer entlang (immer dem gut markierten «Limmatuferweg Agglopark» folgen), federleicht, ohne Herausforderung und mit viel Zeit im Gepäck, den eigenen Träumen freien Lauf zu lassen. Möglicherweise schleichen sich ein paar poetische Gedanken der Fahrer Dichterin Silja Walter ins Bewusstsein. Einfach nur gehen, mit dem Fluss, ins Fliessen kommen – wie von selbst stellt es sich ein. Gemächlich fliesst die Limmat dahin. Das war nicht immer so, Ende des 19. Jahrhunderts, aufgrund zahlreicher Hochwasserereignisse im Zürcher Limmattal, wurde der wilde Fluss gezähmt, kanalisiert, verkürzt, korrigiert. Interessant auch zu erfahren, dass das Limattal zwischen Zürich und Baden ab dem Hochmittelalter durch die Klöster Fahr und Wettingen geprägt war. Der moosgrüne Fluss entspringt im Kanton Glarus als Linth, in Zürich verlässt er als Limmat den Zürichsee, fliesst durchs Limmattal und mündet nach 140 Kilometern beim sogenannten Wasserschloss bei Brugg in die Aare.

Die Häuser von Werd, Glanzenberg, Dietikon ziehen auf der anderen Uferseite vorbei, die Gegend ist dicht besiedelt, doch lassen sich hier Strassenlärm und Züge leicht ausblenden im Spiegel der unerwartet bezaubernden Flusslandschaft.

Entlang üppiger Ufervegetation in schönsten Grünschattierungen, von wogenden Zypressen, Weiden, Ahorn, Eschen aufgelockert, ist es ein Genusswandeln, jede Jahreszeit malt ein anderes Farbenspiel. Bänke hat es zuhauf, Silberpappeln neigen sich ins Wasser, es rätscht und

Der Limmatuferweg
lädt ein zum Träumen ...

Kloster Fahr

Mussezeit auf der Bank

schnattert aus dem Schilf. Blässhühner, Enten, Schwäne ziehen ihre Bahnen. Immer wieder kann man auf Infotafeln Interessantes zum Limmattal erfahren, etwa dass die Dietiker Auen zu den wertvollsten Naturschutzgebieten im Kanton Zürich gehören. Herrlich der Gang durch die Geroldswiler Auen, die stets den neu schaffenden Kräften des Flusses ausgesetzt sind und sich immer wieder verändern. Kiesbänke werden hin- und hergeschoben und entwickeln sich bald zu mageren Wiesen. Im grossen Bogen gehts um die Auen und beschaulich Oetwil entgegen. Auf den dicken alten Bäumen ertönt ein ansteigender Vogelgesang. Überall bunte Hecken und Mäuerchen und Steinhaufen – das Zuhause von Hermelin und Rütelmaus – und kleine Seinsinselchen laden zum Verweilen.

Besonders reizend ist der Abschnitt hinter Oetwil, ländliche Naturidylle pur, bald führt ein schmaler Weg direkt an der Fischerstube von Würenlos vorbei; es ist mucksmäuschenstill, nur noch Wellengeplätscher und Vogelgesang beim Gang durch einen leuchtend grünen Uferdschungel. So gehts eine Weile, bis die ersten Autos zu hören sind, Sie kommen schliesslich an der Würenlos Brücke vorbei und marschieren weiter nach Killwangen; von dort sind es gut vier Kilometer zum Kloster Wettingen. Nach wie vor rechts der Limmat tauchen Sie ein in das Rauschen und

Beruhigende des Wassers – die Natur kreiert entlang des Ufers schönste Farben- und Formenspiele. Wie wohltuend, wenn alles im Fluss ist. Hinter Neuenhof queren Sie die Limmat und später noch einmal – bis Sie vor den Toren des Klosters Wettingen stehen.

Das Klosterareal dehnt sich grosszügig auf der Limmathalbinsel aus. Im Jahre 1227 gründete Heinrich von Rapperswil das Kloster Maris Stella (Meerstern), die ersten Mönche kamen aus dem Kloster Salem. Zur Blütezeit, während des 13. und 14. Jahrhunderts, lebten hier 30 bis 40 Zisterziensermönche. In jener Zeit schenkten die Schutzherren, die Grafen von Kyburg und Habsburg, dem Kloster viele Ländereien. Und so wurden die Abteien vermögend durch die Zinseinnahmen, was für ein Zisterzienserleben ungewöhnlich ist. Doch während der Reformationszeit waren einige Krisen zu bewältigen, hinzu kamen zwei Brände 1448 und 1507. Im Zuge der Säkularisierung folgte dann die Schliessung der Klostertore. Durch den Beschluss des Grossen Rats im Jahre 1841 wurden alle aargauischen Klöster aufgelöst. Die Wettinger Mönche liessen sich in Mehrerau nieder. Die leer stehenden Häuser wurden 1843 dem Lehrerseminar zur Verfügung gestellt. 1976 entwickelte sich daraus die Kantonsschule Wettingen. Werfen Sie einen Blick in die frühgotische Klosterkirche Maria Stern, sie strahlt einen ungeheuren Reichtum aus. Auf einem eindrücklichen Bild kann die Gründungslegende des Klosters nachempfunden werden: Der Ritter Heinrich von Rapperswil geriet auf seiner Schifffahrt ins Heilige Land in Seenot. Falls er errettet würde, so sein Gelübde, errichte er ein Kloster. Ein heller Meerstern erschien am Himmel, als der Sturm sich legte. Nach seiner Heimkehr jedoch vergass er sein Versprechen. Erst als der Meerstern ihm erneut auf nächtlichem Ritt erschien, erinnerte er sich und gründete das Kloster Maris Stella.

Der grosse Park mit uralten knorrigen Bäumen, Teich mit Schwänen, Brunnen, zahlreichen Bänken und Grünflächen – nach englischem Vorbild – inspirieren zur Mussezeit. In dem Klostergarten, der nach den Plänen aus dem frühen 19. Jahrhundert rekonstruiert wurde, wachsen rare Kulturpflanzen und oft vergessene Gemüsesorten. In nur wenigen Minuten sind Sie am Bahnhof Wettingen.

Wer noch Energie hat: In 50 Minuten gehts weiter nach Baden (= Kulturweg Baden–Wettingen–Neuenhof). Mal rechts, mal links entlang den Gestaden der Limmat, tauchen Skulpturen und Kunstwerke von Schweizer Künstlerinnen und Künstlern auf, eine rundum abwechslungsreiche Kultur- und Naturreise zur Bäderstadt Baden.

Noch mehr Wanderlust?

1 Auf dem Limmatuferweg vom Kloster Fahr nach Zürich: In rund zwei Stunden sind Sie im Herzen der Grossstadt/Hauptbahnhof. Vielleicht haben Sie Lust, ins Museum zu gehen oder einfach nur Stadtflair zu schnuppern.

2 Vom Kloster Fahr sind es 2 Stunden 50 Minuten nach Würenlos, der leichte Weg führt durch eine anmutige Wiesenlandschaft (einfach dem gelben Wanderweg folgen). Der Ort erlangte weithin Berühmtheit durch Emma Kunz (1892–1963). Die Naturheilärztin, Forscherin und Künstlerin war eine der aussergewöhnlichsten Frauen des 20. Jahrhunderts. Um ihre Erkenntnisse einer Nachwelt zugänglich zu machen, wurde 1986 im Römersteinbruch von Würenlos das Emma Kunz Zentrum gegründet. Herzstück ist die Felsengrotte, wo Emma Kunz 1942 das Heilgestein AION A entdeckte; in die Grotte zog sie sich immer wieder zurück, um eine harmonisierende Wirkung zu erfahren und «Körper und Geist aufzuladen wie eine Batterie». Ganz in ihrem Sinne suchen heutzutage zahlreiche Menschen das Erdheiligtum auf. Der Kraftort, so ihr Wunsch, solle eine Stätte der Begegnung sein, wo sich geistiges, kulturelles und heilendes Schaffen treffen. Das Museum, wo man rund 70 der wichtigsten Werke von Emma Kunz bestaunen kann, ist ganzjährig geöffnet, Grottenbesuche nur nach Voranmeldung (Tel. 056 424 20 60, www.emma-kunz.com).

Herbstpoesie an der Limmat

«Und meine Seele spannte weit ihre Flügel aus»

Kartause Ittingen

Inmitten der prachtvollen Thurlandschaft, von leuchtenden Weinbergen und Obstbäumen umstellt, erhebt sich die Kartause Ittingen. Noch heute erzählt der Ort, hoch über den Dächern von Frauenfeld, von einer höchst interessanten Geschichte und vielen Wandlungsphasen. Die Grundsteine wurden 1079 gelegt, als die Burg Ittingen nach ihrer Zerstörung wieder aufgebaut wurde. 1150 gründeten drei Ritter der Burg ein Chorherrenstift und lebten nach der Regel des heiligen Augustinus. 1461 ging das gesamte Anwesen an den Kartäuserorden über, dem Regelwerk des Ordensgründers Bruno von Köln (1030–1101) folgend: Es ist ein Lob auf die Einsamkeit, auf eine grosse Strenge und Stille. Beinahe 400 Jahre haben Kartäusermönche den Boden

Kartause Ittingen

mit Stillschweigen und Kontemplation gefurcht. Jeder lebte für sich in seiner Zelle, in der er rund acht Stunden betete, schrieb, studierte, trank, ass; mehrmals täglich begegnete er seinen Mitbrüdern beim Gottesdienst. Einmal wöchentlich, sonntags nach dem Mittagessen, für zwei Stunden, wurde gesprochen. Und so wohnte ein schweigender Einsiedler neben dem anderen, etwa 15 an der Zahl, getrennt voneinander durch meterhohe Mauern. Der Blick sollte nur und ausschliesslich nach innen gerichtet sein, auf Gott. Die Mönche gingen in ihrer radikalen Gottsuche noch weiter, das Ziel war: selbst zum Tempel werden, in dem Gott wohnen kann. Im Jahre 1848 fand im Zuge der Aufhebung der Klöster im Thurgau die Kartäuser-Gemeinschaft in Ittingen ein jähes Ende. Den Grund und Boden gelockert hat ab 1867 Familie Fehr, alle Strenge und Askese ist seither gewichen. Über drei Generationen hinweg nutzte sie die Klostergebäude und Ländereien als Gutsherrenbetrieb und herrschaftlichen Wohnsitz und wahrte doch auf unnachahmliche Weise die Schätze der Kartäuser. 1977 ging das Anwesen über an die Stiftung Kartause Ittingen, die der ehemaligen Klosteranlage wiederum einen neuen Atem einhauchte. Nach Umbau und Renovation öffneten sich im Jahre 1983 weit die Tore eines lebendigen Kultur- und Seminarzentrums. Klösterliche Werte wie Kultur, Spiritualität, Bildung, Fürsorge, Gastfreundschaft, Selbstversorgung sind seither essenzielle Säulen. «Erhalten und Beleben, Entdecken und Erleben» – in diesem kreativen Spannungsfeld entstehen die vielen Ittinger Projekte. Verschiedenste Bauten unterschiedlicher Epochen – prägend für die heutige Gebäudeanordnung ist die Barockzeit – und Gärten fügen sich zu einem traumhaft schönen Gesamtkunstwerk. Zurecht gilt die Anlage als ein Kulturdenkmal von nationaler Bedeutung.

Die Kartause ist ein überquellendes Füllhorn. Hoch über dem Alltag öffnet sich eine ganz eigene Welt voller Kultur und Ästhetik, Blumenduft und Blütenzauber. Ein Ort der Stille, des Friedens. Irgendwie liegt das

Gartenzimmer

Blütenzauber im Barockgarten

jahrhundertelange Schweigen der Kartäuser noch in der Luft und ist atmosphärisch präsent in den alten Mauern. Hier lassen sich wunderbar entspannte und gleichermassen inspirierende Tage verbringen. Als Gast wohnt man stilvoll, modern, in puristischer Einfachheit, kurzum: in zeitgenössischen Mönchsklausen mit dem Komfort eines 3-Sterne-Superior-Hotels. Im Oberen oder Unteren Gästehaus finden sich unterschiedliche, durch und durch behagliche Klausen. Ein Refugium des Rückzugs, sei es auf den Spuren der Mönche oder als blumiger Wohlfühlaufenthalt. Vielleicht soll es eine persönliche «Auszeit im Kloster» sein oder Ferien der besonderen Art. Jeden Morgen wartet ein üppiges Frühstücksbuffet, das keine Wünsche offen lässt, mit hausgemachten Köstlichkeiten: Tee aus der Gärtnerei, Brot aus dem Holzofen, Milchprodukte aus der Käserei. Derart genussvoll in den Tag gestartet, lockt die Kartause zu einem ausgiebigen Streifzug. Schon von Anbeginn bezirzen die anmutigen Gärten, je nach Jahreszeit legt sich ein süsser oder schwerer oder würziger Duft von Kräutern, Gras, Heu oder Holunder darüber. Eine Rose ist eine Rose ist eine Rose. Im Frühsommer verwandeln über 1000 Rosenstöcke die Kartause in einen wohlriechenden Blütenrausch. Sie alle tragen Schildchen, mehr als 250 Sorten sind es mit so wundervoll klingenden (Frauen-)Namen wie Schneewittchen Iceberg, Belladonna, Autumn delight oder Sanssouci – wirklich betörend, die grösste historische Rosensammlung der Schweiz, die auch noch im Herbst hier und dort rosige Akzente setzt. Ein Hauch von Schlosspark en miniature verströmt der Barockgarten mit Springbrunnen, Lavendel und sich verneigenden Rosenbäumchen. Welch Glück, welch Freude, einfach hier sitzen und den Gedanken und Träumen freien Lauf zu lassen. Wie sich an den noch stehen gebliebenen, verwitterten alten Originalklausen zeigt, hatte jeder Mönch ein eigenes Gärtlein, sein kleines privates Paradies, das er mit Blumen, Gemüse, Heilkräutern erblühen lassen konnte. Nur Bäume pflanzen war verboten, zu gross die Verlockung, über die Mauer und in Nachbars Garten zu schauen. Ganz nach mittelalterlicher Klostertradition gedeiht heute vor den Mönchsklausen ein Heilkräutergarten mit rund 50 Pflanzen wie Mariendistel, Waldmeister, Mönchspfeffer. Ins Thymianbeet legten sich die Mönche bei Sonnenschein, denn da verströmt die Pflanze intensives ätherisches Öl und öffnet die Sinne. Thymian soll überdies geistige Klarheit fördern und Energie verstärken. Etwas versteckt hinter Büschen und Rosen findet sich

Entrückt vom Alltag, der Kreuzgarten

ein Thymianlabyrinth mit über 20 verschiedenen Sorten. Ein Ursymbol der Menschheit, das sich in vielen Kulturen findet. Ein Sinnbild unseres Lebens, das nicht mit einem Irrgarten zu verwechseln ist, sondern unbeirrbar auf ein Ziel angelegt, die geheimnisvolle Mitte. Mit vielen Wendungen, mal näher, mal weiter entfernt zur Mitte, setzt man meditativ einen Fuss vor den anderen, immerzu vorwärts, bis man angekommen ist im Zentrum. Innehalten. Lauschen. Den Rückweg antreten, genauso achtsam. Einfach ausprobieren. Das Labyrinth ist eine Einladung zur Entschleunigung, wo man vielleicht über sich, übers Leben mehr erfahren kann. Und dann gibt es noch die Teekräuterbeete entlang des Kartäuserweges zu beschnuppern mit über 130 Kräutern. Wer hoch und höher hinaus will, steigt bei dem Fischweiher die Himmelsleiter hinauf, 185 Stufen mitten durch den steilen Rebberg – und geniesst den Traumblick auf die Sieben Churfirsten, Glarner Alpen, Säntis und Alpsteingebirge. Was für ein Bild von hier oben im Frühjahr, wenn die rund 1500 Apfelbäume ringsum die Kartause zu einem wogenden weissen Blütenmeer werden. Übrigens gehörte die Kartause zur Mönchszeit zu den wichtigsten Weinproduzenten und Weinhändlern des Bodenseeraums – kaum zu glauben, aber Wein machte das Kloster vermögend. Und ewiglich kann man durch die Anlage mäandern, immer wieder neue Plätze entdecken: den Obstgarten mit friedlichen Engadiner Schafen, den Hopfengarten, der noch heute

Restaurant
Mühle

Barocke Klosterkirche

die Würze fürs Ittinger Amber-Bier spendet. Es ist, als spaziere man durch den Garten Eden ... und die Seele darf weit die Flügel ausspannen. Wer dem geheimnisumwitterten Blütenzauber weiter folgen möchte, geht ins Restaurant Mühle, wo sich immerzu das 150 Jahre alte riesige Mühlenrad dreht. Dort gibts nämlich diesen feinen «Ittinger Blütenzauber» (Fortunatus mit Rosenblütensirup), neben vielen weiteren Köstlichkeiten aus Eigenproduktion. Zur warmen Jahreszeit sitzt man draussen in der lauschigen Gartenwirtschaft. Gegenüber ist der Ochsenstall – das Muhen der Tiere ist gewichen, jetzt trifft man sich in der Bar zu ausgiebigen Gesprächen.

Im Zentrum des ehemaligen Klostergebäudes befinden sich gleich zwei Museen. Ein faszinierender Reichtum tut sich auf, ein spannender Dialog zwischen mönchischem Leben und zeitgenössischer Kunst beginnt. Im Ittinger Museum kann man der Radikalität der gestrengen Lebensführung der Kartäusermönche bestens nachspüren. Ihre kargen Mönchszellen, die Arbeits- und Essräume, die überirdischen Kreuzgärten sind authentisch erhalten – ein Rundgang zu jenen Schauplätzen, wo sich das kontemplative Leben hauptsächlich abspielte. Ein Fenster öffnet sich in eine fremde Welt, die üblicherweise verschlossen ist. Wirklich atemberaubend die Barockkirche, vor Leben strotzend, sinnlich;

Gärtchen vor den einstigen Mönchsklausen

die mit ihrer Fülle und Schönheit an Bildern und Farben und überquellenden Natur- und Blumenranken, den vielen übermütigen Engeln und Heiligen und Fresken einen schier überwältigt. Ja, die ganze Schöpfung Gottes versammelt sich. Gewaltig, das formenreiche Chorgestühl, ein Möbel als göttlicher Kosmos. Die Einladung lautet: Nimm Platz im Kosmos. Über dem barocken Hochaltar leuchtet ein gelbliches Fenster, das «oculus Dei» (Auge Gottes): Sanft fällt hier ein Lichtstrahl ein in den Raum, stellvertretend dafür, dass göttliche Präsenz auch Hier und Jetzt Wirklichkeit ist. All dies ein totaler Widerspruch zum Armutsideal der Kartäuser, oder? Nicht aus Sicht der Mönche, denn vor aller Augen entfaltet sich unmissverständlich die höchste Feierlichkeit im Gottesdienst, die ganze Pracht der Verheissung im Himmel … Zweifelsohne ein Raum von grosser spiritueller Ausstrahlung und Kraft, wo man gerne verweilt. Hier finden regelmässig Morgengebete statt, Atempausen zur Mittagszeit, Gottesdienste. Die Akustik ist hervorragend und es gäbe keinen besseren Ort für Konzerte (beispielsweise an Pfingsten). Nur ein paar Schritte entfernt, und man ist im Raum der Stille – da ist sie in

Reinform, die radikale Stille, als strahlten die weiss getünchten Gewölbe noch das Schweigen der Mönche ab. Stühle, Sitzkissen, in der Mitte eine flackernde Kerze – sonst nichts. Zum Verweilen in Zeitlosigkeit und Leere.

Das angrenzende Kunstmuseum Thurgau setzt mit einer hochkarätigen Sammlung und Wechselausstellungen einen Gegenpol zu den historischen Räumlichkeiten. Eine weitere Schatztruhe öffnet sich, mit besonderen Kompetenzfeldern: «Die eigene Sterblichkeit oder das Verrinnen von Zeit, aber auch die Eigenheiten von Idyllen und deren Entlarvung (werden) in einzigartiger Weise behandelt (…) ebenso die Kunst von Aussenseitern (…) und Künstlern der Bodenseeregion.» Mit Werken u. a. von Joseph Kosuth, Jenny Holzer, Helen Dahm, Jochen Gerz, Adolf Dietrich. Das Museum, das über die Grenzen hinaus einen hervorragenden Ruf geniesst, ist eine grossartige Inspirationsquelle. Ein Muss, der Ittingen Walk, ein interessantes Hörkunstwerk von Janet Cardiff, der Verführerin, wo eine Stimme durchs Kloster führt, über den Ort erzählt und allerlei Spannendes, auch Irritierendes entlockt. Ein Muss auch, sich auf einen (oder gleich alle vier) der vergnüglichen Themenwege zu begeben («Garten und Landschaft», «Stille und Spiritualität», «Kunst und Reflexion», «Duft und Genuss»). Mit Audioguide (gibts an der Museumskasse) ausgerüstet, lustwandelt man kreuz und quer durch die komplette Anlage, erfährt so manch Geheimnis – und geniesst die pointierten Informationen.

An die spirituellen Wurzeln der Kartause knüpft auch das Tecum an, das Zentrum für Spiritualität, Bildung und Gemeindebau. In einem inspirierend zusammengestellten Programm werden zuhauf Impulse für ein zeitgemässes spirituelles Leben gesetzt. Da gibt es Tage der Stille und Kontemplation, Exerzitien, Pilger- und Tanztage oder begleitete

Mondnacht

*«Es war, als hätt' der Himmel
Die Erde still geküsst,
Dass sie im Blüten-Schimmer
Von ihm nun träumen müsst'.
Die Luft ging durch die Felder,
Die Ähren wogten sacht,
Es rauschten leis die Wälder,
So sternklar war die Nacht.*

*Und meine Seele spannte
Weit ihre Flügel aus.
Flog durch die stillen Lande,
Als flöge sie nach Haus.»*

Joseph Freiherr von Eichendorff

«Auszeit im Kloster», um neue Perspektiven zu gewinnen – für all jene, die sich kreativ und fundiert mit den Fragen des Lebens beschäftigen wollen. Kreative Angebote gibts auch im Bildungsbereich: Schreibwerkstätten, Kommunikationskurse etc. (www.tecum.ch).

Dass die Ittinger Atmosphäre und die frische Luft zum queren und kreativen Denken beflügelt, hat sich längst rumgesprochen. Inhouse-Seminare und Tagungen finden passende Rahmenbedingungen. Und nicht weniger werden Feste gefeiert, so wie sie eben fallen, Hochzeiten, Jubiläen, Galadinner.

Unbedingt einen Blick in den Klosterladen werfen. Hier kann man all die verführerischen Spezialitäten kaufen, die in Ittingen eigenhändig hergestellt werden. Und das ist eine Menge, vom Wein über Klosterschnäpse, knuspriges Holzofenbrot, Birnbrot, Apfelringli, Konfitüre, Landjäger bis zum preisgekrönten Reb- und Klosterkäse. Ebenso die in der Gärtnerei gezogenen zahlreichen Gewürzkräuter, Heilpflanzen und Teesorten – ganz in der Tradition der Klostermedizin. Schön sind die Arbeiten aus der Töpferei und Schreinerei, von betreuten Mitarbeiterinnen und Mitarbeitern im Werkbetrieb hergestellt. Wie es traditionell in Klöstern üblich ist, bietet auch Ittingen Schwächeren Unterstützung an – für rund 30 psychisch oder geistig beeinträchtigte Frauen und Männer ist betreutes Wohnen und Arbeiten möglich, nochmals 30 kommen von auswärts hinzu.

Die Kartause Ittingen, das ist ein beständiges Ineinanderfliessen von Kunst, Kultur und Natur, Stille und Staunen. Das Wahre, Schöne, Gute, hier ist es ganz nah. «Denn nur als ästhetisches Phänomen ist das Dasein und die Welt ewig gerechtfertigt» – dieses Nietzsche-Zitat leuchtet nachts hell an der Fassade des Klosters, eine Arbeit von Joseph Kosuth für das Kunstmuseum Thurgau.

Infos
Unterkunft: im Oberen und Unteren Gästehaus. 68 EZ/DZ mit Dusche/WC
Angebote: Führungen zum Leben der Kartäusermönche, Führungen durch Kunstausstellungen, Weindegustation und Rundgang durch die Reben, Meditation im Thymian-Labyrinth oder im Raum der Stille, Geführter Waldrundgang, Heilkräuter- und Rosenführungen, Selber Käsen für Gruppen, Tecum: Zentrum für Spiritualität, Bildung und Gemeindebau
Kontakt: Kartause Ittingen,
8532 Warth, Tel. +41 (0)52 748 44 11,
info@kartause.ch,
www.kartause.ch

Kartause Ittingen

WANDERUNG

Durchs malerische Seebachtal

Streifzug durch die verträumte, fruchtbare Thurlandschaft und das grüne Seebachtal, wo die Ruine Helfenberg lockt. Am Anfang und Ende Genuss pur im Ittinger Wald.

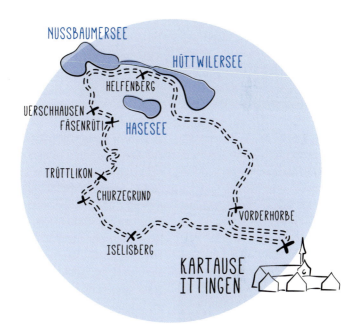

Route: Kartause Ittingen (425 m ü.M.)–Iselisberg (495 m ü.M.)–
Churzegrund (519 m ü.M.)–Trüttlikon (509 m ü.M.)–Fäsenrüti (472 m ü.M.)–
Uerschhausen (448 m ü.M.)–Helfenberg (436 m ü.M.)–Vorderhorbe (486 m ü.M.)–
Kartause Ittingen
Wanderzeit: 4 Std.
Wegstrecke: 15 km; Wanderung: leicht
Anreise: Mit dem Zug von Zürich nach Frauenfeld,
weiter mit dem Postauto zur Kartause
Rückreise: Mit dem Postauto nach Frauenfeld, weiter mit dem Zug

Kartause Ittingen

«The Loop» – Gedankenspiel mit einer anderen Dimension

Übers Uesslinger Tor verlassen Sie die Kartause, sogleich lädt ein spannendes Gedankenspiel mit der Unendlichkeit ein, für das Sie sich Zeit nehmen sollten. Ein schwindelerregender Doppellooping von 15 Metern Höhe ragt in den Himmel, auf der Fahrbahn reihen sich Lettern zum Wortband «THE LOOP THE LOOP...» Eine Endlosschlaufe, ohne Anfang, ohne Ende verweist auf eine andere Dimension, jene der Kunst und der Geschichte. Für das Künstlerduo Bildstein/Glatz stellen sich «auf der Umlaufbahn der gestauchten Acht zeitlose und aktuelle Fragen, nach Spiritualität und Spektakel (...) der Looping wird zum Sinnbild für Reflexion über jegliches Handeln und Dasein (...) zur Metapher für die Bewegung in Richtung Unendlichkeit.»

Gleich dahinter der «singende Tannenbaum», der leise von einer anderen Welt träumt ... und dahinter das Hopfenfeld – hier wächst der

Grünkraft im Ittinger Wald

Hopfen fürs Bier Ittinger Amber, das in Chur gebraut wird. Sie halten sich bei den Wegweisern links, Richtung Iselisberg (55 Min.) und betreten gleich den Ittinger Wald – ein prächtiges Waldreservat mit reicher Flora und Fauna. An der kleinen Apfelplantage gehts vorbei, dann ein tiefes Aufatmen und Einatmen der frischen Waldluft. Doch schon bald riecht es ein wenig nach Verbranntem ... Am Köhlerplatz wird Geschichte der Kartause lebendig: Seit dem Altertum entsteht hier noch immer aus verköhlertem Sägeholz hochwertige Holzkohle.

Ein schmaler lauschiger Weg führt in die Höhe und durchs lichte Buchenwäldchen, später entlang des Waldrandes mit beglückenden Weitsichten auf Alpstein, Säntis, Churfirsten. Frei und beschwingt läuft es sich, welch aussichtsreicher Platz zum Staunen und Schauen beim Findling bei Althof, unter der starken Linde, unten schlängelt sich die Thur durchs fruchtbare Tal. Waldesschatten und Vogelkonzerte, sonnige Wiesen und Hügel und schwer mit knallroten Kirschen und saftigen Äpfeln behangene Bäume, weidende Kühe und Alpenpanorama – so geht es eine Weile, bis Sie leichtfüssig in Iselisberg einmarschieren.

Durch eine abwechslungsreiche Naturlandschaft

Der grösste Rebberg im Kanton Thurgau liegt Ihnen zu Füssen. Auf 50 Hektaren Rebland werden zu einem Drittel Müller-Thurgau und zu zwei Dritteln Blauburgunder produziert. Sie gehen hier geradeaus Richtung Trüfelbach, Niederneunforn – und mitten durch die unendlich scheinenden Weinberge hinein in eine grosse Landschaftsfülle mit Weizen, Urdinkel, Rüben und Kartoffeln, Obst und Sonnenblumen. Und nonstop grüssen die Alpen. In Churzegrund rechts abbiegen, nach

Uerschhausen/Nussbaumen; schon bald gehts durch den Weiler Trüttlikon, immer die Richtung halten. In der nächsten halben Stunde besticht ein buntes Landschaftsmosaik, der Weg führt durch Buchenhallen und beschwingt hinaus ins Offene, nach Fäsenrüti, wo tief unten aus dem Riedland der Hasensee funkelt.

Nur ein Katzensprung ist es nach Uerschhausen – hier Richtung Nussbaumen das blumenübersäte Dorf verlassen und dem Nussbaumersee entgegen (gelbe Raute); nach ca. 200 Metern, an der Weggabelung, gehts rechts, Richtung Helfenberg. Sie sind inmitten des Seebachtals, eine Seenlandschaft von nationaler Bedeutung mit den drei Eiszeitseen Nussbaumer-, Hüttwiler- und Hasensee. Eingebettet zwischen den Hügelzügen des Seerückens und dem Thurtal, ist sie nicht nur malerisch, sondern auch Lebensraum für eine reichhaltige Tier- und Pflanzenwelt. Intention ist es, die natürlichen Lebensräume für Flora und Fauna gezielt zu fördern, Flächen werden renaturiert, Wälder geschützt, Moore sollen wieder entstehen dürfen – mit Erfolg! Der laute Paarungsruf leuchtend grüner Laubfrösche ist im Mai zu vernehmen, Ringelnattern und auch der Kiebitz sind wieder zu Hause. (Wer ins kühle Nass eintauchen möchte, macht an der Weggabelung einen Abstecher nach links zur Badi am Nussbaumersee – aus Naturschutzgründen ist Baden nur an drei ausgewiesenen Plätzen erlaubt.) Ein reizender Streifzug durchs Naturschutzgebiet beginnt, aus dem Ufer-

Ruine Helfenberg

Magischer Hüttwilersee

wald strahlt es in schönsten Grüntönen und Schattierungen, topfeben ists. Der Blick schweift über Rapsfelder und Kulturland, vorbei an wogenden Birken, Pappeln, Eschen, wucherndem Gebüsch, es tschilpt und krächzt und gurrt aus dem tiefen Moorwald. Bald erreichen Sie Helfenberg, wo sich auf einer markanten Kuppe die mittelalterliche Ruine erhebt – der 10-minütige Abstecher dorthin lohnt sich, wo jedes Burgenherz höher schlägt ... Unterhalb der Ruine vagabundieren Sie entlang der Kornfelder, ganz der Sonne ausgesetzt, durch wertvolles Riedland. Mohnblumen konkurrieren mit dem Grün der Waldnatur, Binsen und Blüten tanzen im Wind, immer dem gut markierten gelben Wanderweg folgen (bei hohem Wasserstand Umleitungen beachten). An der Hütte der Gemeinde Buch schlängelt sich der Weg in ein Zauberwäldchen. Eine Naturoase, sich selbst überlassen, voller Tümpel und Wasseraugen und kleiner Überschwemmungen, lianenförmig geschwungenen Bäumen, zarten Farnen und Gräsern. Wieder im Licht, führt eine schmale Holzbrücke ein Stück weit über den Hüttwilersee, wo sich magische Spiegelwelten zeigen. Jetzt kehren Sie dem Seebachtal den Rücken, wandern südwärts, Richtung Vorderhorben/

Obstbäume in Hinterhorben

Kartause Ittingen

Warth (gelbe Raute) – zunächst durch ein Wäldchen, bald schon am Waldrand entlang und vogelfrei durch offenes Wiesen- und Ackerland, himmelweit darf man schauen. Mais, Raps, Rüben, Apfel- und Birnbäume gedeihen üppig. In Vorderhorben Richtung Warth marschieren, entlang von Apfel- und Pfirsichbäumen, und schon bald gehts hinein in den frisch duftenden Ittinger Wald. An der Abzweigung (markiert) halten Sie sich rechts, wandern auf schmalem, manchmal steilem Pfad hinunter zur Kartause, bald stehen Sie wieder vor dem Hopfenfeld.

Im Juni blühen die Pfingstrosen

Noch mehr Wanderlust?

1 Ein 40-minütiger «Rundweg Ittinger Wald» ist bestens beschildert und führt zu besonderen Naturplätzen: Waldmeister-Buchenwald, Zahnwurz-Buchenwald, Geotop, Närgeter Ried u. a., den Führer hierzu gibt es im Klosterladen.

2 Herrlich entspannte Flusswanderung, der Thur entlang und durchs Auenwäldchen und dann hinauf ins Bauerndorf Ossingen mit seinen schönen Riegelhäusern. Genusswandern pur!

Haus in Vorderhorben mit charakteristischen Riegelzügen

Route: Kartause Ittingen (425 m ü.M.)– Uesslingen (392 m ü.M.)– Auenwald Schaffäuli, Niederneunforn (420 m ü.M.)–Ossingen (400 m ü.M.): 3 Std., 9 km

Offener Geist
mit Blick nach innen

Kloster Fischingen

Inmitten der Hinterthurgauer Hügellandschaft, von Tannenwäldern und Hörnligebirge umgeben, liegt das kleine Dorf Fischingen. Der seelenruhige Ort wird von der mächtigen, lachsrosa schimmernden Klosteranlage mit ihren Türmen, hohen Bäumen und Gärten überstrahlt.

Zweifelsohne ein Prachtbau und eindrückliches Zeugnis für die Kunstfertigkeit barocker Baumeister. Um 1138 wurde die «klösterliche Gemeinschaft im Tannenwald» vom Konstanzer Bischof Ulrich II. gegründet und von Benediktinermönchen aus Petershausen bei

Vor den Toren des Klosters Fischingen

Kloster Fischingen 145

Konstanz besiedelt. Pilger sollten auf dem Weg von Konstanz nach Einsiedeln ein Obdach haben, bereits im Spätmittelalter war Fischingen ein begehrter Wallfahrtsort – und daran hat sich bis heute nichts geändert. Im 17. und 18. Jahrhundert erlebte das Kloster und die Verehrung der heiligen Idda eine Blütezeit, aus der die barocke Anlage entstand. Nachdem 1848 die Abtei der allgemeinen Klosteraufhebung zum Opfer gefallen war, gingen 1879 sämtliche Gebäude an den Verein St. Iddazell über, der eine Waisenanstalt einrichtete. Mönche aus Engelberg übernahmen 1943 die Leitung des Kinderheimes, 1982 entstand im Osttrakt ein Bildungshaus – eine bis heute wesentlich tragende Säule. Glücklicherweise wurde 1977 die Wiedereinrichtung einer selbstständigen Benediktinergemeinschaft im Kloster wieder möglich. Seither erklingt in der Klosterkirche wieder regelmässig der Psalmgesang der Mönche. Die barocke Architektur verströmt eine Atmosphäre voller Sinnlichkeit, Schönheit und Fülle. Herzstück ist gewiss die Iddakapelle: Die achteckige Kapellenkuppel hebt sich vom Kirchenschiff deutlich ab, sie ist auch im Inneren ungewöhnlich. Sieben Altäre umkränzen den reich ausgestatteten Zentralraum (in Anleh-

Achteckige Iddakapelle

nung an die sieben Ablassaltäre im Petersdom in Rom). Auf dem Hauptaltar zeigt sich Idda als schöne Frau, die einen verführerischen Blick in den Himmel wirft, in Begleitung eines Hirschs mit leuchtendem Geweih. Ein Juwel ist das Grab der heiligen Idda, darüber erzählen Bilder ihre Legende. Gerade Pilger oder Wanderer finden in der Kapelle Unterstützung, ist doch die heilige Idda unter anderem für das Wohl der Füsse zu-

Iddas Grab

ständig. Schmerzende Füsse, die gelindert und gestärkt werden wollen, hält man in die Nische in ihrem Grab. Wer möchte, setzt sich also vor Iddas Grab, öffnet das Türchen und streckt die Füsse hinein, zur Schmerzlinderung und Heilung. Eine hohe spirituelle Kraft durchtränkt den Raum, der man gerne nachspürt.

Unter dem grossen weiten Klosterdach vereinen sich zwei sich gegenseitig befruchtende Welten: der Verein Kloster Fischingen – ein weltliches Geschäft mit Seminarhotel, Kulturbetrieb, Schreinerei, Schule – und sechs Benediktinermönche, welche die Anlage im Rhythmus von «ora et labora» gründlich und tiefsinnig mit Klosterleben erfüllen. Dieses kreative Nebeneinander von Spiritualität und Weltlichem ist das Einmalige, viele fühlen sich von Fischingen angezogen und finden hier einen Kraftort.

Gäste sind allzeit herzlich willkommen! Und in der Tat ist das symmetrisch konzipierte Kloster nicht nur ein besonderer Ort, sondern auch eine andere Welt, in die man eintaucht. Weit weg von allem, was ablenkt, ganz nah dran, was wesentlich ist. Eine Atmosphäre der Ruhe und Konzentration fällt auf, wenn man die Schwelle ins Kloster genommen hat. Die Art des Gastseins kann je nach Fokus unterschiedlich sein. Abschalten, Ferien machen, Auszeit, Besinnungstage in klösterlicher Ambiance – das Hotel, das seit 2014 in neuem modernem Glanze erstrahlt, bietet hierzu einen eleganten Rahmen. Die Gäste logieren in ehemaligen Mönchszellen, ganz nach dem Motto: «Rückzug aus Flut und Hektik als Luxus». So heilige Namen wie Idda, Katharina, Gabriel, Raphael stehen über

Kloster Fischingen 147

*«Ich rate dir also, in diese Wolke einzutreten und dich dort
zu Hause zu fühlen und mit der Übung der schweigenden Hingabe
der Liebe zu beginnen (...)
Vertraue dich gelassen der blinden Regung der Liebe in deinem Herzen an.»*

Die Wolke des Nichtwissens, Meditationsbüchlein aus dem 14. Jh.

den kunstvoll verzierten Nussbaumtüren. Die von der hauseigenen Schreinerei gefertigten Zimmer aus einheimischen Hölzern sind bewusst schlicht und einfach und gleichzeitig stilvoll. Beschwingt wandelt der Gast durch die breiten Klostergänge, entlang dicker Mauern, die etwas Geheimnisvolles ausstrahlen. Hin und wieder trifft man auf leisen Sohlen Mönche. Das hier und dort an die Wand geschriebene «denk mal» lässt einen schon mal innehalten, vielleicht auch ein wenig nachdenklicher und achtsamer werden. Irgendwann steht man vor dem grossen Meditationsraum, in klassischem Zen-Stil gehalten, von Stille durchdrungen. Auch der Gang durch den Kreuzgang mit dem Zwillingsgewölbe, durch Mauern abgeschirmt, lädt zur Entschleunigung. An einer Führung sollte man unbedingt teilnehmen, sie verleiht Einblick in den Reichtum des Ortes: Zu bestaunen gilt es das Wappenzimmer, ein heraldisches Juwel, oder den barocken Festsaal inmitten der Klausur. In der über anderthalb Stockwerke sich erstreckenden wuchtigen Bibliothek stehen jeden Monat Konzerte auf dem Programm. Im gepflegten Restaurant warten Gaumenfreuden – der gedeckte Tisch ist Ort der Begegnung und das genussvolle Tafeln ist Ausdruck ba-

«denk mal» im Treppenhaus

Im Archiv

rocker Lebensfreude. Unbedingt probieren: das Bier «Pilgrim» aus der Klosterbrauerei, nach alten Rezepten gebraut und mit edlem Hopfen gewürzt. Die Idee zu einer kleinen Brauerei soll dem Braumeister im Kloster Fischingen in tiefer Versenkung, während einer Meditation gekommen sein ... diesem Impuls und seinem Herzen folgend, schreibt er in Fischingen inzwischen erfolgreiche Brauereigeschichte. Völlig leger geht es in der Klosterschenke zu, zum gemütlichen Treffen bei einem Glas Thurgauer Wein. Der kleine Klosterladen hat allerlei Feines und Gluschtiges: das bekannte Fischinger Früchtebrot, Iddaburger-Kräpfli und Biber, auch eine kleine Auswahl an Büchern zu Sinnfragen. Raum, herrlich viel Raum breitet sich vor den Klostertoren aus: ein kleiner Park zum Seele baumeln lassen, hier und dort Sitzbänke. Der Innenhof ist eine kleine Insel, auf vier Seiten von historischem Gemäuer umrahmt und beschützt.

Im Schatten einer mächtigen Linde lässt sich die Leichtigkeit des Seins geniessen. Ein weiteres Kleinod der Stille ist die kleine Katharinenkapelle, wo die täglichen Gebete der Mönche stattfinden – alle, die Freude am gemeinsamen Gebet haben, sind eingeladen. Gleich daneben ist die Töpferei des Bruder Pierre, unbedingt einen genauen Blick auf die einzigartigen Keramikobjekte werfen! Das Kloster ist auch ein begehrter Bildungs- und Seminarort mit einem ansehnlichen Programm. Keine Frage, in den grossartigen barocken Räumen sprudeln kreative Ideen und Inspiration, sie ermöglichen ein konzentriertes Arbeiten und Visionieren. Und ja, in Fischingen werden auch viele Feste gefeiert, so wie sie eben kommen, Hochzeiten, Geburtstage, Firmenfeiern. Himmlische Töne erklingen, wenn Chöre, Orchester oder Solisten die barocken Räume erfüllen – in Konzertgenuss kommt man das ganze Jahr über in der Kirche oder in der schönen Bibliothek.

Wirft man einen Blick ins Klosterleben der Benediktiner, zeigt sich schnell, dass dieses vielfältig ist. Sie halten durch ihre Praxis «ora et labora» Tag für Tag, Woche für Woche, Jahr für Jahr, das Kloster lebendig, machen es zu einem Ort mit spiritueller Dimension. Die Fischinger Mönche engagieren sich als Seelsorger in der Gemeinde, pflegen die Gastfreundschaft, betreuen die Pilger auf dem Schwabenweg, üben Handwerk aus. Der Blick richtet sich hochkonzentriert nach innen, auf Gott, schon die Lage am Waldrand scheint dies zu begünstigen. «In Fischingen knüpfen wir heute an den alten Auftrag an, für die Bewohner des Ortes und die Besucherinnen und Besucher des Klosters (Pilger, Seminar- und Klostergäste etc.) da zu sein. Da Mönche und Gäste unter dem gleichen Dach wohnen und einander immer wieder in den weiten Fluren begegnen, kann sich ein ungezwungener Kontakt ergeben», so Pater Gregor Brazerol, Prior.

Es weht ein sehr offener Geist in Fischingen, so hat Zen einen festen Platz im Programm (Zenmeditation, japanische Teezeremonie). Tage und Wochenenden der Stille sowie Meditationsseminare stossen auf grosse Resonanz. «Zu Gast bei den Benediktinern» – dieses Angebot richtet sich an interessierte Männer, die drei bis acht Tage Teil der Gemeinschaft sein mögen; die sich für eine Auszeit vom Alltag entscheiden, ein Innehalten, um sich zu stärken und neu auszurichten. Der Auszeit-Gast nimmt am klösterlichen Leben teil (Gebet, Mahlzeiten), wohnt zurückgezogen im Klausurtrakt mit den Mönchen. Für ihn bleibt viel Zeit für sich selbst, auch seelsorgerische Gespräche mit einem Mönch sind möglich. In Fischingen kann man trotz Seminaren, Festen, Feiern noch immer eintauchen in eine

Kloster Fischingen

Lauschiger Innenhof

wunderbare Stille, die die ganze Anlage überstrahlt. Gerne möchte man lange verweilen an diesem reizenden Flecken Erde ... zur Einkehr, Besinnung, aber auch zum Ausschwärmen in die verträumte hügelige Landschaft, von Fichtenwäldern durchzogen, daher auch der Name «Tannzapfenland». Ein ausgesprochenes Wanderparadies mit schönster Alpenschau wartet darauf, entdeckt zu werden.

Infos
Unterkunft: Frauen und Männer wohnen im Hotel. EZ/DZ mit Dusche/WC. «Zu Gast bei den Benediktinern» – ein Angebot nur für Männer, die mit den Mönchen im Klausurtrakt wohnen
Angebote: Klosterführung, Konzertbesuch, Teilnahme an einer Meditation, Teilnahme an den Gebeten der Mönche, Besuch im Restaurant und im Brauereiladen
Kontakt: Kloster Fischingen, 8376 Fischingen, Tel. +41 (0) 71 978 72 20, info@klosterfischingen.ch, www.klosterfischingen.ch

Kloster Fischingen

WANDERUNG

Streifzug durchs Tannzapfenland

So richtig eintauchen in Tannenwälder und weite Wiesenlandschaft, immer wieder mit tollen Ausblicken ins Thurtal und in die Alpen. Stille geniessen auf der Ottenegg, bei der Marienstatue und in der kleinen Wallfahrtskapelle.

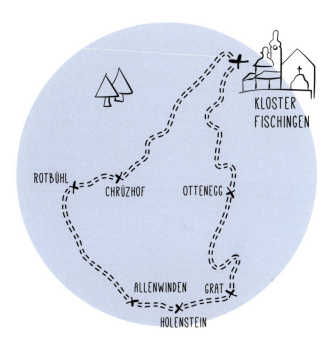

Route: Kloster Fischingen (625 m ü.M)–Chrüzhof (828 m ü.M–
Rotbühl (851 m ü.M)–Allenwinden (916 m ü.M)–Holenstein (890 m ü.M.)–
Grat (996 m ü.M)–Ottenegg (840 m ü.M)–Fischingen
Wanderzeit: 3,5 Std.
Wegstrecke: 11 km; Wanderung: leicht
Anreise: Mit dem Postauto nach Fischingen
Abreise: Mit dem Postauto ab Fischingen

Kloster Fischingen

Auf dieser Rundwanderung lassen sich aufs Schönste die typischen Merkmale der voralpinen Hügellandschft im Grenzgebiet der Kantone Thurgau, St. Gallen und Zürich erkunden. Nach schattigen Tannenwäldern folgen herrliche Fernsichten gegen den Bodensee und die Alpen, sanfte Hügel wechseln sich ab mit Nagelfluhschluchten. Und immer wieder geniesst man die Ruhe und Einsamkeit.

An der Klosterkirche spazieren Sie hinunter zur Murgbrücke, die Richtung Rotbühl, Allenwinden, Hörnli halten. Ein prompter Anstieg führt augenblicklich raus aus dem Dorf, rein in die Waldeskraft und Stille. Dem Naturweg durchs lichtdurchflutete Wäldchen folgen, bis zur Kiesgrube beim Klosterblick – wie der Name ahnen lässt, zeigt sich in voller Pracht und Grösse das Kloster aus der Vogelperspektive. Kurz vor der Waldhütte rechts aufsteigen, ein lauschiger Weg zum Chrüzhof beginnt, immer der gelben Raute nach. Veilchen, Schlüsselblümchen und Buschwindröschen säumen den Rand, aus den unzähligen Tannen, so majestätisch aufgerichtet und ausgerichtet, hallt Vogelgezwitscher. Auf weich federndem, wurzeligem Boden, bald schon am Waldrand entlang, werden Blicke frei über weite

Blick auf Hof Holenstein

Kloster Fischingen

Hügel und Einzelgehöfte. Vor dem Gehöft Chrüzhof gehts rechts ab, rund 100 Meter der Flurstrasse folgen, dann links in den Wald hinein. Baumkraft, Grünkraft, klare frische Luft pur, bis Sie in Rotbühl eintreffen. Von hier ist es noch ein halbes Stündchen und Sie erreichen in luftiger Höhe Allenwinden. Der Wanderweg verläuft eine Weile entlang der Strasse, Augen auf! Freundlich blinzelt einem die hügelige Landschaft entgegen. Beim ehemaligen Gasthof zum Kreuz gegen Osten (Grat, Fischingen) gehen, eine fantastische Alpensicht beschert der zehnminütige Weg zum Hof Holenstein. Hier die Richtung Grat, Ottenegg halten, nun gehts steil hinauf, stille Natur nimmt Sie wieder auf, nach rund 200 Metern links durch eine Zauntür in den Wald abbiegen. In grossem Zickzack, auf schmalem Wurzelpfad wandeln Sie steil hinauf durchs Tannzapfenwäldchen, zum Grat oder Groot. Perfekt zum Innehalten ist die feuerrote Bank, hier auf 996 Meter ü.M., dem höchsten Punkt im Thurgau, mit königlichem Blick aufs Thurtal. Zwischen dem Grat und der nahen St. Iddaburg, ein Wallfahrtsort, klafft die tiefe Murgschlucht mit schroffen Felsen. Beschwingt gehts im Waldreservat Höllwald abwärts unterm Buchen- und Tannendach, auch höllisch aufpassen muss

Marienstatue auf der Ottenegg

Waldkapelle

Wohin man schaut, majestätische Tannen

man zum Teil auf dem schmalen Gratweg, mit tollen Blicken in die Tiefe und Weite. Unten am Waldrand rechts abzweigen, der gelben Raute nach, und am Hof Ottenegg vorbei. Unbestritten ist die Ottenegg ein besonderer Ort zum Sein, mit bester Sicht gegen die Hegauer Vulkanlandschaft und den Bodensee. Untermalt wird der stille Platz von einer Marienstatue, die auf einer hohen Säule thront und an die Gründung der Waisenanstalt im Kloster Fischingen (1879) erinnert. Über Treppenstufen gelangen Sie zur nahen Waldkapelle, der heiligen Idda geweiht. Ein Geheimtipp unter Wanderern, ein Ort des Innehaltens, auch ein Wallfahrtsort, ganz versteckt und geborgen im Schutze grosser Bäume, auf einer sprudelnden Wasserquelle angesiedelt. Seit über 125 Jahren existiert dieser meditative Platz auf Mariahalden am steilen Hang der Ottenegg. Wie schön, hier zu weilen! Beschwingt gehts durchs Wäldchen hinunter und über Weiden, aus der Ferne grüsst bereits der lachsrosa Kirchturm von Fischingen.

Kloster Fischingen 155

Noch mehr Wanderlust?

Auf den Spuren der Pilger nach Steg

Vom Kloster führt der Jakobsweg auf abwechslungsreichen Naturpfaden zum aussichtsreichen Hörnli. Hoch über dem Tösstal geniesst man einen traumhaften Panoramablick auf die Innerschweizer Alpen, das Schnebelhorn, den Schauenberg bis zum Säntis, ja, das ganze Zürcher Oberland. Ein ebenso aussichtsreicher Abstieg führt nach Steg im Tösstal, das auf der alten Pilgerroute eine Schlüsselposition innehatte; die müden und hungrigen Wanderer auf dem Weg nach Einsiedeln zur Schwarzen Madonna oder Flüeli-Ranft fanden einst Unterschlupf beim Landgasthof «zum Steg».

Route: Fischingen (625 m ü.M.)–Au (691m ü.M.)–Allenwinden (916 m ü.M.)–Chaltenbrunnen (922 m ü.M.)–Silberbüel (990 m ü.M.)–Hörnli (1133 m ü.M.)–Tanzplatz (970 m ü.M.)–Steg (695 m ü.M.): 3 Std., 10 km

Auf stillen Wald- und Wiesenwegen zum Groot

Raum der Stille – stille Räume

Dominikanerinnenkloster St. Katharina Wil

Als echtes Kleinod präsentiert sich die Stadt Wil am Tor zum Toggenburg. Dank der wechselvollen Geschichte besticht gerade die Altstadt, malerisch auf einem Hügel gelegen, mit einem Reichtum an Sehenswürdigkeiten und stattlichen Bauten. Noch heute erinnert das weit über die Grenzen hinaus bekannte Kulturgut «Hof zu Wil» an die St. Galler Fürstäbte, die mehr als 500 Jahre hier residierten – Wil wird daher auch als Äbtestadt bezeichnet. In den gepflasterten Gassen reiht sich ein prunkvolles Haus ans andere: das Gerichtshaus (1607), das klassizistische Baronenhaus mit dekorativer Illusionsmalerei (1795), das Hauptmannshaus und eine ganze Reihe hübscher Riegelbauten – beim Lesen der Beschilderungen flammen Jahrhunderte lebendig auf. Nahtlos fügt sich an den historischen Stadtkern die attraktive Fussgängerzone an, nicht weit davon liegt der üppig

Dominikanerinnenkloster St. Katharina

Dominikanerinnenkloster St. Katharina Wil

Altstadt von Wil

grüne Stadtweiher, reich an Vögeln und Enten und (schwarzen) Schwänen, wo sich wie von selbst Mussestunden einstellen. Zuoberst auf dem Hofberg (gut ausgeschildert ab dem Bahnhof zu Fuss oder per Stadtbus) bietet der Wiler Turm einen unvergesslichen Weitblick. Wer die 189 Stufen hinaufsteigt, geniesst die Sicht über die Stadt und Region und das Fürstenland und bis zu den Sieben Churfirsten, Säntis und den schneebemützten Gipfeln des Berner Oberlands. Eine völlig andere Welt tut sich auf am Klosterweg 7, nur fünf Minuten von der quirligen Altstadt entfernt. Öffnet man die schwere Eichentüre und geht über die Schwelle, wird es plötzlich ganz stille. Der malerische,

Geheimnisvoll,
die stille Mauer am Klosterweg 7

*«Wer im rastlosen Davoneilen
der Zeit
das winzige Spältchen Jetzt
entdeckt
und schlüpft auf die
andere Seite
hat im Augenblick
Himmel auf Erden geweckt
ruht aus in endloser
Weite.»*

Sr. Dominica Jakober

efeuumrankte Innenhof lädt augenblicklich ein zum Anhalten und Atemholen. Der Blick fällt auf die Klosterkirche mit toskanischen Säulen, deren Patronin die heilige Katharina von Alexandrien ist, die mächtige Klosterpforte und die Giebelfront des Gästehauses. Über 400 Jahre Gemeinschaft haben sich in die Mauern eingeschrieben.

Es waren Beginen, die 1228 das Kloster St. Katharina in St. Gallen gegründet hatten, später dann, 1368, übernahmen die Schwestern die Satzungen des Predigerordens und entwickelten ein reges geistliches Zentrum mit einer Schreibschule. Der Konvent war nach der Reformation 1528 gezwungen, die Stadt zu verlassen, zunächst diente der Nollenberg (TG) als neue Heimat, 1607 zogen dann die Dominikanerinnen nach Wil in die neu errichteten Konventgebäude ein. Über 200 Jahre widmeten sie sich ausschliesslich dem Gebet; nach den Stürmen der Französischen Revolution übernahmen die Schwestern engagiert und erfolgreich die Wiler Mädchenbildung in der Klosterschule – 200 Jahre lang, bis 2012 die Klosterschule in eine Stiftung und damit Privatschule überführt wurde. Heute leben acht Schwestern in dem beschaulichen Kloster, den Regeln des heiligen Dominikus folgend, der im 13. Jahrhundert lebte: «Die frohe Botschaft von Gott empfangen, sie im Herzen erwägen und den Menschen weiterschenken.» Eine Oase der Stille, des Gebets, ein Ort, wo man sogleich in eine persönliche, liebevolle Atmosphäre eintaucht. Ankommen, ver-

Lauschige Plätze finden sich genug im grossen Garten

Dominikanerinnenkloster St. Katharina Wil

weilen, lauschend da sein – dies ist die Einladung. Das Gästehaus birgt vier wohlige, einfache Zimmer, der Blick aus dem Fenster darf über die Dächer der Altstadt weit in den stahlblauen Himmel gleiten. Ein bisschen wie zu Hause fühlt man sich in den gemütlichen zwei Stuben: Möbel im Biedermeierstil, ein Kachelofen, eine kleine Auswahl an spirituellen Büchern im Wandregal. Welch Glücksgriff, die Büchlein von Sr. Dominica Jakober, die im Katharinenkloster lebt: eine Ansammlung von poetischen Kostbarkeiten und tiefsinnigen Gedanken, die auch an der Klosterpforte käuflich sind.

Stark: der Raum der Stille

Am runden Tisch im lichtdurchfluteten Essraum geniessen die Gäste einfache, vorzügliche Klosterkost – und gleichermassen inspirierende Tischgespräche mit Gleichgesinnten.

Es ist eine Freude, durch den erstaunlich grossen Klosterpark zu mäandern, immerhin sind wir mitten in der Stadt. Das grüne Areal mit Teich, Laube, Rosen über Rosen und bunt pulsierenden Blütenecken, umrahmt von starken alten Bäumen und ganz versteckt zuhinterst die kleine Kapelle, laden zum Verweilen und einem Rendezvous mit sich selbst, dem Sein eine Spur tiefer kommend. Aus dem Kräutergarten duften Thymian, Verveine, Kamille und Zitronenmelisse – sie werden auch zu Tees und den bekannten Wiler Klosterguetzli verarbeitet, die man im Klosterladen kaufen kann. Gut möglich, eine Schwester im Garten anzutreffen – sie leben sonst zurückgezogen in einem eigenen Trakt.

Zum Meditieren ist die «Oase» ein einladender Ort. In dem weiss getünchten, kraftgeladenen Gewölberaum vibrieren förmlich Klarheit und Stille. Hier finden auch Schweigemeditationen und -tage statt, mit Hinführung zur Kontemplation, Kurzimpulsen, Körperübungen und

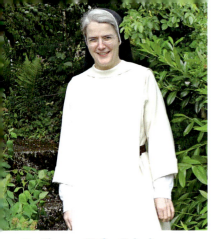

Sr. Simone Hofer, Priorin

stillen Zeiten, dem Geheimnis des Herzens lauschend. Auch eine Gesprächsbegleitung während der Auszeit ist nach Absprache möglich. Priorin Sr. Simone Hofer, ausgebildet in christlicher Kontemplation und logotherapeutischer Beratung, reflektiert in einem Zweiergespräch mit dem Ziel, das Leben zu stärken, Beziehungen zu ordnen, spirituell zu wachsen. «Wir Schwestern freuen uns, wenn wir in unserem Kloster Raum bieten dürfen, damit Menschen zur Ruhe kommen und so zu sich selber finden können», so die Priorin. Wer möchte, ist herzlich eingeladen, in die Klosterkirche zu gehen, an den täglichen Gebeten teilzunehmen oder in die wohltuende Stille einzutauchen. Das langgestreckte Gotteshaus ist einheitlich im Régencestil (1735/38) ausgestattet, mit Stuckaturen der Decke mit Laub- und Bandelwerk sowie Rauten mit Rosetten. Die Altäre sind in hübscher Holzschnitztechnik gehalten, im Schwesternchor thronen Figuren des heiligen Dominikus und der heiligen Katharina von Siena.

Als Gast fühlt man sich im Katharinenkloster völlig frei und gleichzeitig geborgen, sich dem eigenen Rhythmus hinzugeben. Träumen, innehalten, Sehnsüchten Raum schenken, neue Perspektiven gewinnen – hierfür gibt es genügend lauschige Ecken und Winkel. Und in nur wenigen Schritten ist man in schönster Natur, mit Blick auf die Sieben Churfirsten und den Säntis. Übrigens ist das Kapuzinerkloster (1654 erbaut) ganz in der Nähe, in der Konstanzerstrasse 45, eine Gemeinschaft mit heute zwanzig Brüdern.

Infos
Unterkunft: Frauen und Männer wohnen im Gästehaus. 4 EZ mit Dusche/WC auf der Etage
Angebote: Stille Tage, Kontemplationsangebot, Schweigemeditation, geistliche Begleitung, logotherapeutische Beratung, Teilnahme am klösterlichen Stundengebiet
Kontakt: Dominikanerinnenkloster St. Katharina, Klosterweg 7, 9500 Wil, info@klosterwil.ch, www.klosterwil.ch

Dominikanerinnenkloster St. Katharina Wil

WANDERUNG

Bilderbuchweg durchs verträumte Toggenburg

Völlig anstrengungslos gehts durch die lieblich modellierte Landschaft des Thurgaus, auf stillen Wegen durch Wiesen, Wälder und Sumpfland, an kleinen Örtchen vorbei: Sirnach, Anwil, Littenheid. Mit Blicken ins Tannzapfenland.

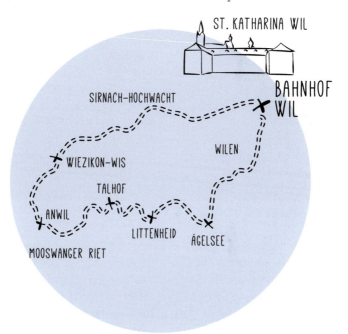

Route: Bahnhof Wil (571 m ü.M.)–Sirnach-Hochwacht (600 m ü.M.)–Wiezikon-Wis (553 m ü.M.)–Anwil (562 m ü.M.)–Mooswanger Riet (560 m ü.M.)–Talhof (570 m ü.M.)–Littenheid (577 m ü.M.)–Ägelsee (560 m ü.M.)–Wilen (552 m ü.M.)–Wil
Wanderzeit: 3,5–4 Std.
Wegstrecke: 13 km; Wanderung: leicht
Anreise: Mit dem Zug von St. Gallen nach Wil (SG)
Rückreise: Mit dem Zug ab Wil

Dominikanerinnenkloster St. Katharina Wil

Ländliche Idylle am Waldrand

Start der abwechslungsreichen Rundwanderung ist auf der Südseite des Wiler Bahnhofs. Auf der Säntisstrasse gehts Richtung Sirnach (55 Min.), gleich am Ortsende lotst rechts ein schmaler Waldpfad abrupt in die Stille. Ein Laubengang, gesäumt von Buchen und Tannen, führt mitten in die Natur; nach Queren der Fahrstrasse den Waldrand entlang und schon bald wieder rechts abbiegen (Sirnach-Hochwacht). Licht flutet den Bergholzwald, der breite Weg verspricht ein frohgemutes Vagabundieren, aus den Wipfeln tönt munteres Vogelgezwitscher. Ein paar locker verstreute Häuser machen Sirnach-Hochwacht aus, halten Sie sich hier links, also Richtung Wies, Dussnang, immer der gelben Raute nach. Entlang des Waldrandes – wer mag, macht einen kurzen Abstecher zur Hochwacht und geniesst die Aussicht – und bald schon hinein ins offene Wiesenland gehts leichtfüssig dahin.

Dominikanerinnenkloster St. Katharina Wil

Wogende Gräser, Grillengezirpe und Blütenpracht, im Talboden strahlen die roten Dächer von Wiezikon. Himmelweit dürfen die Blicke ins Tannzapfenland schweifen und die lieblich modellierte Landschaft des Thurgaus mit den sanften Hügelketten und Waldkuppen. Welch Genuss, diesen üppigen Landschaftsraum zu durchstreifen. Unten in Wies angekommen, gehts links auf dem Trottoir ortsauswärts, Richtung Anwil; in Kürze lotst an der Bushaltestelle Wiezikon-Wis links der Schwabenweg/Via Jacobi Nr. 4 in fünf Minuten nach Anwil – dort Littenheid, Wil

Auf Naturwegen Wiezikon entgegen

Naturpracht im Mooswanger Ried

Durch eine anmutige Wiesenlandschaft

ansteuern. (Übrigens führt hier der Pilgerweg in nur einer Stunde nach Fischingen – siehe Seite 144 – mit der imposanten Klosteranlage.) Ein topfebener Weg führt durchs wunderbare Naturschutzgebiet. Schönstes Grün leuchtet in unzähligen Schattierungen, ein Bach gluckst neben dem idyllischen Naturpfad unterwegs zum Mooswanger Ried. Flachmoore ziehen am Auge vorbei, Binsen und Seggen wogen im Wind, wer möchte, macht einen kurzen Abstecher zum romantischen Weiherhof. Völlig anstrengungslos gehts durch die Riedlandschaft, ein Mosaik aus Wäldern, sattgrünen Wiesen, Hecken, Baumalleen, Sümpfen – hier und dort lauert eine rote Aussichtsbank.

Die stillen Naturräume lassen einen stets aufs Neue innerlich jubeln. Irgendwann queren Sie den Gutsbetrieb Talhof, welcher zur psychiatrischen Klinik gehört. In Littenheid – vielleicht mögen Sie im Restaurant Wiesental einkehren? – führt der Weg dem Riedgebiet Ägelsee entlang nach Wil. Sonnig ists, ein Weg zum Träumen und Dahinschwingen und lockerem Auslaufen, am Ende von Ägelsee sind bereits Wilen und Wil in Sicht. Das Fürstenland zeigt

Dominikanerinnenkloster St. Katharina Wil

sich von seiner schönen Seite, Sie gehen frei ins Offene, in einem grossen Bogen um Wilen herum und treffen schliesslich wieder am Bahnhof Wil ein.

Noch mehr Wanderlust?

1 Start ist am Bahnhof Wil: Zunächst dem Toggenburger Höhenweg folgend, Richtung Wilen, bald gehts auf Waldwegen zum rauschenden Giessenfall. Von dort wandern Sie Richtung Letten-Altbach, entlang des glucksenden Altbachs und via Engi wieder zurück nach Wil (stets der gelben Wanderraute folgen).

Route: Wil (571 m ü.M.)–Dietschwil (Giessenfall) (590 m ü.M.)–Altbach (460 m ü.M.)–Wil: 3,5 Std., 11 km

2 Wanderfreuden pur auf dem Toggenburger Höhenweg: Dies ist die vielleicht schönste, aber auch anspruchsvollste Wanderroute im St. Gallerland: 87,5 km lang, von Wildhaus nach Wil, in ca. sechs Tagesetappen zu bewältigen.

Im grossen Bogen nach Wilen und Wil

Einfachheit, Stille und Besinnung

Kloster Maria der Engel Appenzell

Wohl nirgends in der Schweiz ist der Wechsel von sanfter Hügellandschaft in die von Felsen geprägte Alpenwelt so abrupt wie im Alpsteingebirge. Scheinbar aus dem Nichts ragen überraschend 2500 Meter hohe Felsgewalten gen Himmel. Eingebettet in diese prachtvolle Landschaft liegt Appenzell, der Hauptort des kleinsten Schweizer Kantons Appenzell Innerrhoden. Das malerische 7000-Seelen-Dorf ist stark von Brauchtum und Traditionen geprägt. Voller Flair ist der autofreie Dorfkern mit seinen schmucken Gassen, stillen Winkeln und farbenfrohen Häusern. Charakteristisch sind die bemalten Fassaden, und so manch prachtvolles Exemplar appenzellischer Baukultur ist zu bestaunen, etwa das Rathaus/Museum Appenzell oder der historische Landsgemeindeplatz. Inmitten des Dorfes, von einer schützenden stillen Mauer umgeben, erhebt sich das Kloster Maria der Engel. Über 400 Jahre war das Frauenkloster geistlicher Mittelpunkt, in Zurückgezogenheit und Gottverbun-

Kloster Maria der Engel Appenzell

Kloster Maria der Engel Appenzell 167

denheit haben Kapuzinerinnen gewirkt sowie in der Bereitschaft, ein offenes Ohr zu haben für die Anliegen der Mitmenschen. Erste Aufgabe der Schwestern bestand immer im Gebet, neben dem Stundengebet besonders die ewige Anbetung. Von 1811 bis 1973 betrieben die Klosterfrauen eine Mädchenschule. Dieser Ort der Bildung, damals noch nicht selbstverständlich, war für Appenzell und seine Umgebung von zentraler Bedeutung. Die letzten fünf Schwestern verliessen 2008 das Kloster, sehr zum Bedauern der Bevölkerung, sodann ging die gesamte Klosteranlage in die Verantwortung der kirchlichen «Stiftung Kloster Maria der Engel, Appenzell» über.

Eingang zur Klosterkirche

Bereits sieben Jahre später, Mitte 2015, gab es einen Aufbruch zu neuem geistlichem Leben. Zwei Frauen wagen mit Gottvertrauen ein klösterliches Projekt, bei dem spirituell suchende Frauen auch für eine begrenzte Zeit oder immer wieder mal mitleben können. Beide sind zusammen mit dem Stiftungsrat offen, in welche Richtung sich ihr spirituelles Leben entwickeln möchte, das hängt auch von dem ab, was künftige Mitglieder der Gemeinschaft suchen. Eucharistiefeier, Tagzeitengebet, Kontemplation und eucharistische Anbetung sind die geistlichen Akzente. Arbeiten im Kloster oder ausserhalb bestimmen den weiteren Tagesablauf.

Offenherzig haben die Pionierinnen und der Stiftungsrat die Pforten geöffnet. «In der Einfachheit und Stille des Hauses können Menschen zur Ruhe kommen, den Blick für das Wesentliche und die eigene Mitte finden, über sich hinauswachsen, neue Perspektiven für ihr Entscheiden und Handeln im Alltag entdecken und Kraft tanken.» Aber auch zur Vertiefung christlicher Spiritualität findet man einen idealen äusseren Rahmen. Der Name des Klos-

> «Für Wunder muss man beten,
> für Veränderungen muss man arbeiten.»
>
> Thomas von Aquin

ters ist Programm: Maria steht als das grosse Zeichen auch am Horizont der heutigen Zeit. Sie tritt vor uns als die Gestalt des heilen, erlösten Menschen. Die Stille, die besinnliche Ruhe, sie werden hier auf wohltuende Weise gehütet.

Aktuell gibt es die Möglichkeit, eine heilsame Auszeit mit geistlicher Begleitung zu erleben. Überdies bietet eine Mitbewohnerin als promovierte Medizinerin, die auch ausgebildet ist in systemischer Beratung, Hagiotherapie an. Diese Form der Gesprächstherapie stellt die geistliche Dimension des Menschen in den Mittelpunkt. Viele suchen eigens dafür das Kloster auf.

Schlafgemach in der ehemaligen Klosterzelle

Weitere Angebote sind Exerzitien, auch Bergexerzitien mit Wanderungen, Kräuterseminare mit spiritueller Komponente sowie Stille Tage als spirituelle Tankstelle.

Noch heute strahlt das Kloster den franziskanischen Geist aus, der über Generationen wachgehalten wurde; an dem seit Jahrhunderten stark von Gebeten getragenen Ort steigt unweigerlich ein Gefühl von Geborgenheit und Vertrauen auf. Weiterhin sollen die Einfachheit und Hingabe der ehemaligen Schwestern auf die Erfahrung hinweisen: «Leben ist mehr als das, was der gewöhnliche Alltag ausmacht.» Die wunderschöne, gepflegte Klosteranlage, in fast unveränderten Gebäulichkeiten, untersteht dem Eidgenössischen Denkmalschutz. Der Weg zu den Zimmern führt durch lange Flure, in den kleinen ehemaligen Klosterzellen dominiert nach wie vor die grosse Stille: ein Bett ein Stuhl ein Tisch, noch ganz ursprünglich in der Ausstattung, so wohltuend schlicht und heimelig. Überhaupt ist man in Maria der Engel ganz nah dran am Klosterleben.

Grosser Speisesaal

Im grossen Speisesaal mit der kostbaren Kassettendecke und den grossen Ölporträts von Clara und Franziskus von Assisi geniessen die Gäste das gemeinsame Mahl. Mit am Holztisch sitzen vielleicht auch Pilger, die nur für eine Nacht Herberge suchen. Man tauscht sich aus, kommt sich näher, lauscht den Erzählungen der Mitbewohner, mit viel Humor und Esprit, schnell fühlt man sich als Teil der Gemeinschaft.

In der von 1619 bis 1621 erbauten Klosterkirche, die den ehemaligen Schwesternchor als Meditations- und Gebetsraum umfasst, herrscht eine besinnliche Atmosphäre. Eine grosse Bereicherung ist es, an den Stundengebeten teilzunehmen, sind sie doch Höhepunkte im Klosteralltag. Gäste sind herzlich eingeladen, mit dabei zu sein. Zu den Laudes durchdringen hohe Frauenstimmen den sakralen Raum, mit Vesper, Komplet und stiller Anbetung vor dem geöffneten Tabernakel geht es feierlich in die Nachtruhe und ins Schweigen. Kleine Oasen der Stille und Schönheit finden sich an vielen Ecken, da ist der gemütliche Aufenthaltsraum, der durchbetete Kreuzgang oder der liebevoll gehegte und gepflegte Klostergarten. Es duftet nach Thymian, Zitronenmelisse, Salbei, Pfefferminze, Ysop und Rosmarin. Die feinen Kräuter werden zu Tees und Salzen verarbeitet und können auch als Spezialmischungen wie Sommertee, Wintertee, Frauentee, Männertee im Klosterladen erworben werden.

Kloster Maria der Engel Appenzell

Klosterkirche

Innenhof mit lauschigem Garten

Wer einen tieferen Blick hinter die Klostermauern werfen möchte, schliesst sich einer Führung an, hier flammt die Welt der Kapuzinerinnen nochmal auf, ihre geistliche Berufung, ebenso die eindrückliche Klostergeschichte. «Der Neubeginn ist ein spannendes Abenteuer mit grossen Chancen, aber auch Herausforderungen. Wir möchten unseren bescheidenen Beitrag leisten, dass an diesem durchbeteten Ort wieder geistliches Leben wachsen kann. Aber das Eigentliche kann nur ER machen, der uns hierher gelockt hat, weil ER einen besonderen Plan mit diesem Kloster hat. Wir sind gespannt, wen ER noch ruft, an diesem Projekt mitzuwirken», erläutert eine Schwester.

Infos
Unterkunft: Gäste wohnen in ehemaligen Zellen, Dusche/WC auf der Etage
Angebote: Klosterführung, Tage der Stille, Exerzitien, geistliche Begleitung, Hagiotherapie, Oase der Barmherzigkeit und mehr
Kontakt: Kloster Maria der Engel Appenzell, Poststrasse 7, 9050 Appenzell,
Tel. +41 (0)71 787 1845,
info@maria-der-engel-appenzell.ch
www.maria-engel-appenzell.ch

WANDERUNG

Dem Glück so nah im Alpstein

Auf dem Aussichtsberg Hoher Kasten startet die Panoramawanderung: Den Spuren der Erdgeschichte folgend, gehts auf urigen Bergwegen, durch Alpweiden und an gemütlichen Berggasthäusern vorbei, nach Brülisau. Mit Traumblicken!

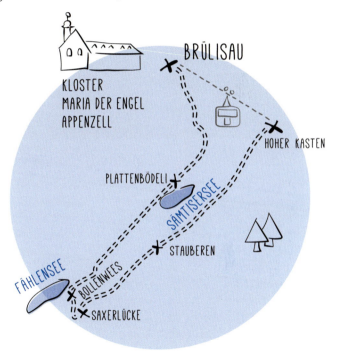

Route: Route: Brülisau (922 m ü.M.)–mit der Luftseilbahn zum Hohen Kasten (1794 m ü.M.)–Stauberen (1751 m ü.M.)–Saxerlücke (1649 m ü.M.)–Bollenwees/Fählensee (1470 m ü.M.)–Sämtisersee (1209 m ü.M.)–Plattenbödeli (1279 m ü.M.)–Brüeltobel–Brülisau
Wanderzeit: 5,5 Std.
Wegstrecke: 15 km; Wanderung: mittel
Anreise: Mit dem Postauto von Appenzell nach Brülisau
Rückreise: Mit dem Postauto ab Brülisau

Aussicht vom Hohen Kasten

Schon Hermann Hesse schreibt übers Appenzell: «Das Wandern in diesem hundertfach gefalteten Hügelland hat etwas Spannendes und Erwartungsvolles.» Wie wahr! Für Wanderer und Alpinisten ist das vielfältige Wegenetz am Fusse des Alpsteins und die «gsondi Loft ond schöni Landschaft» ein kleines Paradies, ein Zufluchtsort, der Erholung pur verspricht. Denn die Natur vollzieht im Bergfrühling genauso wie im Alpsommer ihr sinnliches Spiel von wundervollen Farben und Stimmungen.

Nur ein paar Kilometer von Appenzell entfernt liegt das 500-Seelen-Dorf Brülisau, das erst um 1964 zu einem beliebten Touristenort wurde, als nämlich zum ersten Mal die Luftseilbahn zum Hohen Kasten schwebte.

Die aussichtsreiche Bergwanderung startet am Gipfel des Hohen Kasten. Wie atemberaubend, wenn Sie auf knapp 1800 Meter Höhe ins Freie treten und das Auge ins schier Unendliche gleiten darf – der Aussichtsberg erschliesst mit dem Europa-Rundweg eine Sicht auf sage und schreibe sechs Länder: Schweiz, Österreich, Fürstentum Liechtenstein, Deutschland, Italien (Monte di Zocca), Frankreich (Grand Bal-

Kloster Maria der Engel Appenzell

lon). Unübersehbar, das schicke Drehrestaurant, das sogleich zu einem Startkafi und zum Staunen verführt, denn bei der einstündigen 360-Grad-Panoramafahrt lauert ein tolles Bergerlebnis. Liebhaber von Blumen sollten unbedingt einen Blick in den Alpengarten werfen. Auf 5000 Quadratmetern blühen und duften und leuchten rund 300 alpine Pflanzenarten, auch seltene wie die Feuerlilie oder Seidelbast.

Schon vor hundert Jahren tummelten sich begeistert Geologen im Alpstein – lassen sich hier doch besonders eindrücklich Phänomene wie Falten, Überschiebungen und Brüche, kurzum: sämtliche Phasen der Gebirgsbildung auf engstem Raum entdecken. Deren Forschungskenntnisse fliessen heute in den geologischen Wanderweg ein, übrigens der erste der Schweiz. Er führt vom Hohen Kasten entlang der südlichen Kette des Alpsteins in rund 3 bis 3,5 Stunden zur Bollenwees. Im wahrsten Sinne des Wortes erfahren Sie auf Schritt und Tritt die Entstehungsgeschichte der Alpen:

Liegt malerisch, das Berggasthaus Bollenwees

Eine einzige Augenweide, die Umgebung Bollenwees

wie sie durch Bewegungen im Erdmantel und in der Erdkruste entstanden, welche Gesteinsarten sich herauskristallisierten und so weiter. Eine spannende Zeitreise durch die Erdgeschichte beginnt, die Laien wie Kundige gleichermassen fasziniert. Unterwegs erklären rund 20 Tafeln mit Texten und Bildern diese Wunder der Natur. Örtliche geologische Besonderheiten sind zu bestaunen, etwa Versteinerungen, Verwitterungsformen, Falten. Besonders eindrücklich wirkt der berühmte Sax-Schwende-Bruch mit der Verschiebung des Ostmassivs um ein paar hundert Meter. Der abwechslungsreiche Bergpfad beginnt mit einem Abstieg (immer der Markierung «Geologischer Wanderweg» folgend), im Zickzack gehts zum Kastensattel und weiter in sanftem Bergauf, Bergab und entlang des Grats Richtung Stauberen, Saxerlücke. Stets aufs Neue öffnet sich eine bilderbuchschöne Sicht ins Rheintal, nach Vorarlberg und zu den Bündnerbergen, majestätisch erheben sich auch die Urner und Glarner Gipfel.

Kloster Maria der Engel Appenzell

Nach etwa 1 Std. 50 Min. hängt wie ein Adlerhorst das Berggasthaus Stauberen überm Rheintal – der ideale Ort, sich auf der Sonnenterrasse gemütlich niederzulassen und kulinarische Köstlichkeiten zu geniessen. Weiter gehts zur Saxerlücke. Von unten glitzert tiefblau der Sämtisersee, zum Greifen nah die Widderalpstöck, rechts davon die Marwees, weiter hinten der Säntis und Altmann. Ein wenig steil ist dann der kurze Weg zum Fählensee, inmitten der Bergwelt. Wie ein «Schmucktröckli» direkt am «schönsten Fjord der Alpen», wie der See gerne schwärmerisch betitelt wird, erhebt sich das Berggasthaus Bollenwees. Ob im heimeligen Stübli oder draussen auf der Sonnenterrasse vor erhabener Kulisse: Hier können Sie feinste Appenzeller Köstlichkeiten oder Hausspezialitäten wie geschnetzeltes Kalbfleisch an Rahmsauce und Rösti geniessen; und die Seele erfreut sich an der geglückten Landschaftsinszenierung. Irgendwann heisst es Abschied nehmen von diesem Ort.

Über Alpweiden und Bergwälder, vorbei an grasenden Kühen und meckernden Ziegen, erreichen Sie via Plattenbödeli, Brüeltobel in rund zwei Stunden Brülisau: Das heisst, Sie marschieren mehr oder weniger ebenaus binnen Kurzem zur Fugglenalp, im Rücken die Kreuzberge, der Altmann und Hundstein. Abends wird hier noch der traditionelle

Blick vom Sämtisersee Richtung Roslenfirst

Beim Plattenbödeli

Betruf zelebriert: Durch einen Holztrichter ruft der Senn ein Gebet und fleht den Segen des Allerhöchsten für die Alp und das Land.

In knapp 50 Minuten erreichen Sie den romantischen Sämtisersee – müde Wanderer ruhen sich hier gerne aus –, über einen Aufstieg durch einen Bergwald erreichen Sie schon bald das Plattenbödeli, ein Berghaus im typischen Appenzeller Stil, auf einer grossen sonnendurchfluteten Geländeterrasse gelegen vor erhabener Bergwelt. Fein Hausgemachtes gibt es drinnen oder draussen, das gastronomische Highlight: der Röstiplausch.

Hinunter nach Brülisau windet sich teils steil ein Kiessträsschen durchs Brüeltobel. Ganz stille ist es im Wald, immer wieder tauchen Lichtungen auf, ein paar Alphütten, der Brüelbach gluckst und murmelt vor sich hin. Einer Sage zufolge soll hier auch das Glück lauern. Irgendwo im Brüelbach, so wusste einst ein Mann von Brülisau, liegt verborgen ein wunderschöner Karfun-

Kloster Maria der Engel Appenzell

das Alpsteingebirge mit Säntis und den dominant gen Himmel ragenden spitzen Speer. Hier startet der «Energieweg», der historische Jakobsweg, der zu bekannten Kraft- und Heilplätzen führt, die seit Jahrhunderten aufgesucht werden. So zur Jakobsquelle, wo Sie frisches kühles Jakobswasser trinken können, für viele ein Heilwasser.

Route: Kronberg (1663 m ü.M.)–Jakobskapelle (1490 m ü.M.)–Jakobsalp (1510 m ü.M.)–Kronberg: 1,5 Std., 4 km

2 Vom Kronberg gehts auf genussreichen Wegen über den sanften Bergrücken hinunter nach Jakobsbad, mit Traumblicken.

kelstein ... Unten im Tal angekommen, am Parkplatz Pfannenstiel, lotst der Wegweiser direkt zum Parkplatz Luftseilbahn Brülisau.

Route: Kronberg (1663 m ü.M.)–Jakobskapelle (1450 m ü.M.)–Scheidegg (1325 m ü.M.)–Ros (1065 m ü.M.)–Jakobsbad (869 m ü.M.): 2,5 Std., 7 km.

Noch mehr Wanderlust?

Wenn Sie noch Energie haben: Von Jakobsbad nach Gontenbad können Sie Wellness für die Füsse geniessen. Ohne Socken und Schuhe, auf dem Barfussweg gehts durch eine Mooridylle, Wiesen und Bäche wechseln sich mit kurzen steinigen Abschnitten ab.

1 Kraftort Kronberg: In nur wenigen Minuten gondeln Sie von Jakobsbad zum Kronberggipfel. Ein Bilderbuchblick hier oben über den Bodensee, auf Alpenregionen und unzählige Gipfel, unter anderem

Route: Jakobsbad (869 m ü.M.)–Gonten (902 m ü.M.)–Gontenbad (883 m ü.M.): 1,5 Std., 5 km

Frieden in Mariastein

Benediktinerkloster Mariastein

In der prächtigen Landschaft des Leimentals liegt Mariastein, ein 1000-Seelen-Dorf an der Grenze zum Elsass, zur Gemeinde Metzerlen gehörend. Weithin bekannt gemacht hat diesen idyllischen Flecken Erde das gleichnamige Kloster, ist es doch neben dem Kloster Einsiedeln der grösste Wallfahrtsort der Schweiz. Seit Jahrhunderten strömen Pilger hierher. Und wer schon mal da war, kann es bestätigen: Mariastein ist ein ungewöhnlich starker Ort der Stille, des Friedens, des Gebets. Imposant liegt die quadratische Klosteranlage an einer steilen Felskante. Wer sich der Klosterkirche nähert, durchschreitet zuerst den eindrücklichen, vom Künstler Ludwig Stocker gestalteten Vorplatz. Links und rechts davon ragen symbolträchtig sieben freistehende Marmorsäulen in die Höhe – an die sieben Gaben des Heiligen Geistes und an die sieben Schmerzen und Freuden Marias erinnernd. Der Brunnen stellt die Verkündigung des Engels an Maria dar. Mächtig tritt die klassizistische

Benediktinerkloster Mariastein

Klosterkirche

Fassade aus Jurakalkstein und Sandsteinornamenten vor dem Kirchenschiff in Erscheinung. Durch das barocke Portal erreicht man die dreischiffige Basilika, die zwischen 1648 und 1655 erbaut wurde. Ein Prachtbau im spätgotischen Stil ist zu bestaunen, mit Gemälden an Decken und Wänden, darunter Marienszenen und aus dem Leben des heiligen Benedikt. Der mächtige Hochaltar ist ein Geschenk des Sonnenkönigs Ludwig XIV. Sechs Mal über den Tag verteilt treffen sich die Mönche im einfachen Chorgestühl zum benediktinischen Stundengebet bzw. Gottesdienst. In einer öffentlichen Klosterführung (gratis) lässt sich die Anlage am besten erschliessen.

Das Herz des Klosters pocht in der Gnadenkapelle. Durch einen unterirdischen langen Felsengang, vorbei an einer Nische mit dem barocken Christus und der Siebenschmerzenkapelle, erreicht man über 59 Stufen die Grotte. Unzählige Votivtafeln bezeugen die Bedeutung von Mariastein, 1434 wurde erstmals die Marienkapelle «im Stein» erwähnt. Einer Legende zufolge hütete in jener Zeit einmal ein Hirtenjunge mit seiner Mutter auf einer Wiese Vieh, hoch auf dem Felsplateau, auf dem heute die Klosteranlage steht. Während die Mutter ein Mittagsschläfchen hielt, stürzte das Kind die Felsklippe hinunter. Als sie erwachte, fand sie ihren Sohn nicht mehr und rannte eilig

Gnadenbild

ritueller Energie gefüllt. Sofort fällt der Blick auf das Gnadenbild der «Mutter vom Trost»: eine Marienstatue aus Stein mit dem göttlichen Kind, umgeben von sechs Putten mit Kerzenleuchter, von lichter Stimmung umfangen. In der Tiefe von Mutter Erde ist es besonders schön während ruhiger Stunden in Randzeiten. Die Stille und Geborgenheit begünstigen den inneren Monolog und den intensiven Dialog mit der Mutter Gottes.

ins Tal. Unversehrt traf sie ihr Kind, das von einer mysteriösen Frau erzählte, die ihn aufgefangen habe. Für den Vater war klar, dass sein Sohn dank der Gottesmutter Maria auf wundersame Weise gerettet worden war. Ihr zu Ehren liess er eine kleine Kapelle in der Höhle errichten, in welcher die Mutter geschlafen hatte. An dem Gnadenort setzte ein bis heute andauernder Pilgerstrom ein.

Die Grotte im Fels mit dem schmalen Lichteinfall verströmt eine besondere Atmosphäre, sie ist von hoher spi-

Das Kloster Mariastein wurde erst später errichtet, im Jahre 1648, als das Benediktinerkloster von Beinwil übersiedelte. Im Zuge des unseligen Kulturkampfes wurde es 1874 aufgehoben, die meisten Mönche wurden ausgewiesen, einige durften zur Betreuung der Wallfahrt in Mariastein bleiben. Fast 100 Jahre später wurde nach einer Volksabstimmung das Kloster staatsrechtlich wieder anerkannt. In den folgenden Jahren wurde die architektonisch interessante Anlage sukzessive restauriert und erstrahlt heute in wunderbarem Glanze. Rund zwanzig Benediktinermönche leben heute im Rhythmus von «ora et labora», sie halten den Klosterbetrieb aufrecht. Einzelgäste, Pilger und Gruppen geniessen die von Herzen kommende

Gastfreundschaft. Hinter hohen Mauern, geschützt vor der Aussenwelt, befindet sich der Gästetrakt mit eigenem Eingang.

Das Gebäude aus dem 17./18. Jahrhundert ist stilvoll renoviert und birgt zwanzig Zimmer. Lichtdurchflutet und geräumig sind sie, in wohltuender Schlichtheit, bewusst ohne Fernseher. Eine kleine Handbibliothek, Teeküche sowie ein Aufenthaltsraum mit Klavier stehen zur Verfügung. Die warme Ausstrahlung schwingt sogleich zu Wohlgefühl auf. Gäste essen zu fixen Zeiten gemeinsam. In klösterlicher Ruhe haben sie die Freiheit, die Tage nach eigenen Vorlieben und Interessen zu gestalten. Sie sind eingeladen, mit den Mönchen am Stundengebet teilzunehmen und so einen tieferen Einblick ins Klosterleben zu gewinnen. Dass Gäste und Pilger eine lange Tradition im Hause haben, strahlen die Mauern förmlich aus. Überdies bietet das Kloster ein vielfältiges Jahresprogramm, Exerzitien, Besinnungs- und Einkehrtage, Kurse/Veranstaltungen u. a. in Meditation, Psychologie, Achtsamkeit sowie Konzerte und Ausstellungen.

Wer das alte Tor am Ende des Gästetrakts öffnet, schreitet in den üppig wachsenden, ehemaligen Fratergarten: ein reizender Flecken Erde, mit grossen mächtigen Tannen, Birken, Erlen, kleinen Biotopen, Blümlein, Sitzecken, von fröhlichem Vogelgezwitscher eingenommen. Und gleich dahinter in den Feldern lauert das Kirschenparadies – eine wahre Pracht ist es zur Blütezeit, wenn sich ein rosaweisser Teppich verschwenderisch ums Kloster legt. Oben am Waldrand grüsst die kleine, weiss getünchte Kapelle St. Anna, die insbesondere abends eine grosse Ausstrahlung hat. Ein kurzer Spaziergang führt zu dem sechseckigen Kuppelbau, der innen prächtig barock ausgemalt ist. Auf

Im ehemaligen Fratergarten

Mariastein, von Kirschbäumen umsäumt

einer Bank lässt sich zeitvergessen der Sonnenuntergang geniessen, mit Blick aufs Benediktinerkloster und die weich gezeichnete Wald- und Wiesenlandschaft des Juras. In der Ferne ragt aus dem Wald die Burg Rotberg, die heute eine Jugendherberge ist, ganz im ritterlichen Stil.

Für Gäste, die einen gewissen Komfort schätzen: Eine weitere Unterkunft gibt es in der traditionsreichen Mariasteiner Pilgerherberge, die bereits Ende des 17. Jahrhunderts ihre Tore öffnete. Heute erstrahlt in modernem Glanze das Hotel Kreuz, ein Hotel und Seminarzentrum mit grosser Parkanlage, im Besitz des Benediktinerklosters. Nur ein paar Schritte vom Kloster entfernt, im Paradiesweg 1, erwartet den Gast neben Stille und Spiritualität auch ein gewisser Genuss.

Irgendwie geborgen und bestens aufgehoben fühlt man sich in Mariastein, es scheint fast so, als breite die lächelnde Madonna ihren weiten Mantel über den Ort schützend aus.

Infos

Unterkunft: Für Frauen und Männer im Gästetrakt. 20 EZ/DZ mit Dusche/WC
Angebote: Klosterführung, Klosterladen, Mariasteiner Konzerte, Ausstellungen, umfassendes Jahresprogramm mit Exerzitien, Fasten, Meditation, Wallfahrt, div. Kursen
Kontakt: Kloster Mariastein, Klosterplatz 1, 4115 Mariastein, Tel. +41 (0)61 735 11 11, info@kloster-mariastein.ch, www.kloster-mariastein.ch

WANDERUNG

Auf kraftvollen Wegen nach Dornach

Abwechslungsreiche Genusstour nach Dornach: durchs liebliche Leimental, die wildromantische Chälenschlucht hinauf und weiter zum Blattepass. Die leuchtenden Weinberge von Aesch verzaubern genauso wie das Wasserspektakel an der Birs.

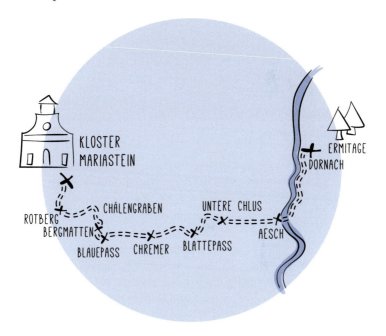

Route: Kloster Mariastein (512 m ü.M.)–Rotberg (545 m ü.M.)–Chälengraben (527 m ü.M.)–Bergmatten (699 m ü.M.)–Blauepass (820 m ü.M.)–Chremer (720 m ü.M.)–Blattepass (577 m ü.M.)–Untere Chlus (380 m ü.M.)–Aesch (315 m ü.M.)–Dornach (338 m ü.M.)
Wanderzeit: 4,5 Std.
Wegstrecke: 16 km; Wanderung: leicht bis mittel
Anreise: Mit dem Postauto nach Mariastein
Rückreise: Mit dem Zug ab Dornach

Benediktinerkloster Mariastein

Prachtvolles Leimental

Sie starten an der westlichen Klostermauer, in der Nähe des Hotels Kreuz, und folgen zunächst dem Interregio-Weg Richtung Aesch, Hofstetten.

Auf schmalem Weg, entlang von Hecken und Weiden, gehts durch ländliche Idylle, in 25 Minuten ist Rotberg erreicht – darüber erhebt sich die Burg mit Jugendherberge. Immer der gelben Raute nach, vagabundieren Sie auf weich federndem Waldboden bergauf, an lichten Buchen vorbei (Richtung Aesch, Hofstetten), schon bald zeigt sich auf panoramareichem Höhenzug das malerische Flühtal, Mariastein in voller Grösse und ganz weit hinten, an der Grenze zum Elsass, die imposante Ruine Landskron. Körper und Geist werden nochmal von Baumkraft durchflutet, als da stehen prächtige Tannen, Ahorn, Buchen, bis Sie den Parkplatz Radmer/Chälengraben erreichen. Hier beginnt der Schluchtweg, ein einmaliges Naturkunstwerk. Von leisem Gurgeln und Plätschern begleitet, schlängelt sich der Pfad mal links, mal rechts des mit skurrilen Formen ausgewaschenen Bachbettes nach oben. Schroffe Felswände ragen in die Höhe, es geht über Brücken, Treppen, Steine, Wurzeln. Auf Schritt und Tritt beflügeln Höhlen, Felsspalten und kreisrunde Löcher in den Wänden die Fantasie. Hirschzungen zieren die Felsen, im Juni verströmt die Mondviole verschwenderisch ihren betörenden Duft. Seit dem Ende der Jurafaltung vor zwei Millionen Jahren hat das von der Blauenhöhe abfliessende Wasser nach dem Prinzip: steter Tropfen höhlt den Stein, das Naturwunder Chälenschlucht geschaffen. Ein schützendes Felsdach lockt gar zu einer gemütlichen Pause. Unvermittelt endet die Schlucht in einem lichten Buchenwald, dann ist da die Spielwiese Bergmatte, mit Spielgeräten für Kinder, ein paar Feuerstellen und rustikalen Bänken, die Sonne blinzelt durchs Blattwerk. Ein

Eindrückliche Chälenschlucht

**Es geht über Stege,
Bächlein und Wurzeln ...**

guter Platz zum Picknicken, bevor es rechts der Wiese über Treppenstufen durch ein kurzes Waldstück hinauf geht zum Bergrestaurant Bergmatten. Die gemütliche Wohlfühloase bietet eine Sonnenterrasse, ein Beizli und die «Berg699 Loft» mit imposantem Dreiländerblick, bei klarem Wetter gar bis in die Vogesen. Etwas erstaunt ist man, wenn man zwei genüsslich weidende mongolische Kamele entdeckt, sie sind seit 1993 die Restaurant-Maskottchen.

Ein kurzer, markanter Aufstieg führt vom Restaurant hoch zum Blauepass. Waldherrlichkeit pur dann auf der Krete unterwegs zum Blattepass, es ist ein entspanntes Vagabundieren auf weichem Boden, hier und dort

Man traut kaum seinen Augen, wenn man die Kamele sieht …

Brätelplätze. Die vielen Grenzsteine erinnern daran, dass Sie sich auf der Grenze bewegen, zwischen dem Kanton Solothurn und Baselland. Auf gut halbem Weg, wenn der Himmel plötzlich frei ist, erreichen Sie den Chremerpass, der seinen Namen einem tragischen Ereignis verdankt. In grauer Vorzeit wurde hier, an der Grenze zwischen Blauen und Ettingen, ein Krämer von Wegelagerern kaltblütig ermordet. Zum Gedenken errichtete man ein Kreuz am Tatort und bezeichnete es nach dem Beruf des Getöteten «Chremerkreuz». Durch lichten Blätterwald, dahinter schimmern liebliche Hügelketten, gehts auf dem Blauenkammweg in rund 25 Minuten runter zum Blattepass. Viel Rückenwind ist Ihnen gewiss beim Wandeln durch die hohen Buchenhallen, die mit Beständen alter Eichen abwechseln und viel Waldkraft schenken. Zur Römerzeit galt die Route über den Blattepass als wichtigste Verbindung zwischen Augusta Raurica (Kaiseraugst) und Aventicum (Avenches).

Verschiedene Wege führen vom Blattepass nach Aesch, vielleicht der schönste führt über die Untere Chlus (35 Minuten): Auf romantischen Pfaden lotst die gelbe Raute abwärts und durch die sonnendurchfluteten Rebhänge, an Rebhüsli vorbei und quer durch den Klusberg.

Die Kluserreben liegen inmitten von prähistorischen Zeugnissen, Spuren des Neandertalers wurden in der nahen Schalberghöhle ausgemacht, ein Dolmengrab existiert heute noch oberhalb der Ruine «Tschäpperli» (Frohberg). Am Rande der Klus entstanden im 13. Jahrhundert die Burgen Pfeffingen, Münchsberg, Engenstein, Schalberg und Frohberg, die grösstenteils 1356 beim Erdbeben von Basel zerstört wurden. An der Unteren Chlus angekommen, sind es noch 40 Minuten nach Aesch: Ein Strässlein führt weiter durchs üppig wachsende Weinland, am Weinbau

Benediktinerkloster Mariastein

Unterwegs zur Unteren Chlus

Klushof vorbei und zur Vorderen Chlus. Neben der Domaine Nussbaumer, ein Weingut mit Produkten der Region, lockt der Landgasthof Klus mit der gemütlichen Gartenlaube. Der Klusberg ist bekannt für den guten Wein, jenes älteste Kulturgetränk, das bereits in der Antike geschätzt wurde und von dem griechischen Arzt Hippokrates (460–377 v. Chr.) als «Arznei für die Genesung von Körper und Geist» verschrieben wurde. An den weiten Hängen wachsen insbesondere die Trauben-

Am sonnendurchfluteten Klusberg

Entlang der Birs schwungvoll nach Dornach

sorten Blauburgunder, Riesling-Sylvaner und Gutedel; um 1600 bestellte der Fürstbischof von Basel beim «Chlusmeier» ein Fuder Wein, da er fand, dass der Kluser «zaffräss» (bukettreich) und auch milder und bekömmlicher als der Therwiler sei.

Das Gebiet um die Aescher Klus wurde von der bekannten Kraftortforscherin und Geobiologin Blanche Merz als Ort mit besonders hoch schwingender Energie gemutet. In der Tat hat man auf Schritt und Tritt das Gefühl, starke Kraftfelder zu betreten, die einen immer wieder verzaubern und federleicht sein lassen. Entlang des Chlusbachs, ein idyllischer, leicht mäandernder Bachlauf, von alten Weiden, Erlen, Haseln und Weissdornsträuchern gesäumt, gehts den Häusern von Aesch entgegen, in der Ferne erhebt sich majestätisch das Goetheanum in Dornach.

Die gelbe Raute lotst durch Wohnquartiere hindurch zum Bahnhof Aesch, dort ist der Einstieg zum Birsuferweg. Hand in Hand mit dem rauschenden Fluss spazieren Sie entspannt in einer knappen Stunde Dornach entgegen. An der vom heiligen Nepomuk bewachten Dornachbrugg verlassen Sie die Birs, in unmittelbarer Nähe ist der Bahnhof Dornach-Arlesheim. Wenige Schritte vom Bahnhofsplatz befindet sich das Kloster Dornach. Der einstige Sitz der Kapuziner im Birseck beherbergt heute ein Restaurant mit wunderbarem Garten. Zwei weitere Highlights im nahen Arlesheim: der Dom und die Ermitage. Letztere ist ein romantischer Landschaftsgarten nach englischem Vorbild mit sich schlängelnden, verspielten Wegen, Weihern, kleinen Höhlen. Eine herrliche Oase der Stille und Besinnung, für viele ein Ort der Kraft.

Noch mehr Wanderlust?

1 Ein angenehmer Spazierweg führt von Mariastein durchs liebliche Leimental und über die Grenze ins Elsass. Hier erhebt sich die Ruine Landskron, einst Machtburg, dann Festung im Spannungsfeld europäischer Mächte und heute stolze Ruine.

Um die Burg, die jedes Ritterherz höher schlagen lässt, rankt sich eine tragische Liebesgeschichte ... Zurück in Tannenwald, erreichen Sie über den Rotläng St. Anna-Weg die Kapelle St. Anna und bald wieder das Kloster.

Route: Mariastein (512 m ü.M.)–
Heulen (539 m ü.M.)–Tannenwald
(490 m ü.M.)–Burg Landskron–
(558 m ü.M.)–Kapelle St. Anna
(520 m ü.M.)–Mariastein:
1,5–2 Std., 5,5 km

2 Überdies legt sich um Mariastein der 44 Kilometer lange «Solothurner Waldwanderweg», der sich in vier Teilrouten geniessen lässt. Mit grossartigen Weitblicken, Eichenwäldern, blühenden Kirschbäumen, historischen Burgen und Kraftorten (gut markiert), Start ist beim Kloster.

Autorin

Karin Breyer, Studium der Ethnologie und Literaturwissenschaft (M.A.), arbeitet als freie Autorin, Journalistin und Achtsamkeitstrainerin (MBSR). Sie wandert leidenschaftlich gerne auf Natur- und Kulturpfaden und bietet seit vielen Jahren Wandertage in den Schweizer Bergen und «Achtsames Wandern» an.

Fotonachweis

Alle Fotos stammen von der Autorin.
Ausser: S. 20: Karte, gezeichnet von Sr. Pia, Kloster St. Johann Müstair; S. 28: Heidi Meier, Sedrun Disentis Tourismus; S. 30, 32, 33: Daniel Winkler, Fotografie, Zürich, www.danielwinkler.ch; S. 40, 41, 42: Dominikanerinnenkloster Ilanz; S. 53, 54: Kloster Engelberg; S. 63, 66: Gästehaus Kloster Bethanien; S. 96, 97, 100: Zisterzienserinnenabtei Mariazell Wurmsbach; S. 128, 129, 130, 131, 132, 133, 134, 143 rechts: Kartause Ittingen; S. 144, 148: Kloster Fischingen; S. 162, 163, 164, 165, 166: Kloster Maria der Engel Appenzell; S. 172, 173, 174, 175, 176: Appenzellerland Tourismus AI, www.appenzell.ch; S. 179: Benediktinerkloster Mariastein

Herzlichen Dank an alle, die mir grosszügig Fotos zur Verfügung gestellt haben.

Weitere Wanderbücher im Friedrich Reinhardt Verlag

Rosemarie Meier-Dell'Olivo
Natur & Kultur – eine Symbiose
20 Wanderungen zu Kulturstätten
160 Seiten, kartoniert
CHF 29.80
ISBN 978-3-7245-2280-5

Karin Breyer
Wandern mit dem GA und dem Halbtaxabonnement
Burgen und Schlösser
152 Seiten, kartoniert
CHF 29.80
ISBN 978-3-7245-1701-6

Karin Breyer
Wandern mit dem GA und dem Halbtaxabonnement
Winterwanderungen
164 Seiten, kartoniert
CHF 29.80
ISBN 978-3-7245-1771-9

Weitere Wanderbücher im Friedrich Reinhardt Verlag

Karin Breyer
**Wandern mit dem GA
und dem Halbtaxabonnement
Frühlingswanderungen**
164 Seiten, kartoniert
CHF 29.80
ISBN 978-3-7245-1855-6

Karin Breyer
**Wandern mit dem GA
und dem Halbtaxabonnement
Herbstwanderungen**
168 Seiten, kartoniert
CHF 29.80
ISBN 978-3-7245-1881-5

Karin Breyer
**Wandern mit dem GA und
dem Halbtaxabonnement
Winterwanderungen II**
164 Seiten, kartoniert
CHF 29.80
ISBN 978-3-7245-1933-1

Erhältlich in Ihrer Buchhandlung oder unter www.reinhardt.ch